Schwarzhaupt
Grundkurs Technische Analyse
Chartformationen

Andreas Schwarzhaupt

Grundkurs Technische Analyse

Chartformationen

FinanzBuch Verlag München

Die Deutsche Bibliothek – CIP-Einheitsaufnahme
Ein Titeldatensatz für diese Publikation ist bei
Der Deutschen Bibliothek erhältlich

E-MAIL: SCHWARZHAUPT@FINANZVERLAG.COM

Gesamtbearbeitung: Michael Volk, München
Druck: Wiener Verlag, Himberg bei Wien
Umschlaggestaltung: Christian Weiß

LANDSHUTER ALLEE 61 • 80637 MÜNCHEN
TEL.: 089/651285-0 • FAX: 089/65 20 96

ISBN 3-932114-45-0

INHALTSVERZEICHNIS

Die Chart-Techniker - „wenn sie auftauchen, ist die Party vorbei. Dann wandern die Stühle auf den Tisch und vom Parkett werden die Blutlachen gewischt". So sieht es jedenfalls in einem unterhaltsamen Spiegel-Artikel über Aktienboom und -baisse der „Kleinanleger" Matthias Matussek.

Doch gerade diese fehlende Emotionalität ist einer der großen Vorteile der Technischen Analyse, zu deren Familie die Chart-Analyse zu zählen ist. Eine wachsende Zahl von Börsenprofis und eine ganze Reihe von Neulingen im Anlagegeschäft machen sich diese Denkmuster zu eigen und wenden sich von Gewohntem ab.

Denn inzwischen hat die Erfahrung gelehrt: Die Geschichte der Börse ist die von der Revisionen fundamentaler Einschätzungen. Vereinfacht ausgedrückt: Normalerweise sind die Prognosen verschiedener Fundamentalanalysten sehr ähnlich,in der Regel aber meilenweit vom tatsächlichen Ergebnis entfernt. Ein Beispiel? Als die Aktie der Deutschen Telekom bei 45 Euro stand, wurde sie von vielen Analysten von Kaufen auf Halten zurückgestuft, da sie überbewertet sei. Ein paar Monate später notierte die Telekom-Aktie bei über 90 Euro. War sie nun doppelt überbewertet?

Der Technische Analyst stellt sich die Frage nach der fairen Bewertung erst gar nicht. Er weiß: Der Markt hat immer recht, auch wenn sich die Aktien über Jahre hinweg von der vermeintlich fundamentalen Bewertung lösen.

Daher ist es meist sehr hilfreich, dorthin zu schauen, wo sich die Gesamtheit des Wissens und der Erwartungen der Marktteilnehmer bündelt: Im Kurs.

Der simpelste Beleg für die Relevanz der Technischen Analyse ist der Kurstrend. Es gibt wohl kaum etwas statistisch unwahrscheinlicheres und für einen Fundamentalanalysten schwerer zu erklärendes als den Trend, insbesondere unter der Annahme effizienter Märkte.

Die Psychologie der Marktteilnehmer - Gier, Angst oder Hoffnung - ist die wesentlichste Triebkraft der Börse. Jeder Kauf und jeder Verkauf hinterlässt Spuren und genau darum geht es der Technischen Analyse: Um das Spurenlesen. Die dickste Spur, die das Kräftespiel von Angebot und Nachfrage hinterlässt, ist der Kursverlauf selbst. Um diese Spur richtig zu deuten und zu interpretieren, bietet die Chart-Analyse eine Menge an Werkzeugen, die in diesem Buch kurz und übersichtlich dargestellt werden. Denn die Belohnung für denjenigen, der die Börsen-Spuren richtig zu lesen weiß, ist gewaltig. Chart-Formationen sind eine wertvolle Waffe im Arsenal jedes Börsianers, um endlich das Börsen-Großwild, dessen Spuren er lange gefolgt ist, zu erledigen.

Widerstand und Unterstützung

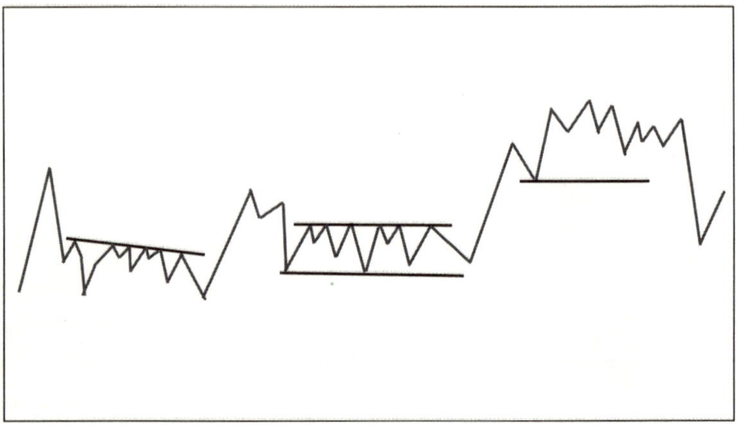

In der Theorie repräsentieren Widerstände und Unterstützungen ein Preisniveau, auf dem sich Kauf- und Verkaufsinteressen der Anleger angleichen. In einer Aufwärtsbewegung bedeutet dies, dass an einem bestimmten Punkt die Kaufbereitschaft nachlässt und auf der anderen Seite die Verkaufsbereitschaft zunimmt. Die Verkaufsbereitschaft nimmt dort deshalb zu, weil die Mehrheit der Marktteilnehmer nun der Meinung ist, dass die Aktie ein faires Preisniveau erreicht hat. Erste Gewinnmitnahmen setzen ein. Dazu gesellen sich Verkäufer, die kurz vorher eingestiegen sind und nun Angst um den Fortbestand des Aufwärtstrends haben.

Dann kommt der Punkt, an dem die Abwärtsbewegung Unterstützung findet. Sehr oft ist dies ein Niveau, an dem sich die Marktteilnehmer erinnern, dass von dort aus die letzte Aufwärtsbewegung startete oder dass sie dort das letzte Mal die Aktie gekauft haben. Neu geweckte Kaufinteresse zieht andere Kaufwillige nach sich. Auf diese Art und Weise entstehen Widerstands- und Unterstützungsniveaus.

Zum Abschluss ein kleiner Hinweis: Runde Zahlen haben eine bemerkenswert psychologische Anziehungskraft. So finden sich Widerstände oder Unterstützungen bei einem Wert von 100 wesentlich eher als bei 101,50.

Ein Beispiel an Hand des Charts auf der nächsten Seite: Die Aufwärtsbewegung der Karstadt-Aktie kam Anfang Juni 1999 bei rund 480 Euro zum Halt. Nun traten in der Mehrzahl Verkäufer auf, die Gewinne realisierten. Eine signifikante Unterstützung etablierte sich erst bei 430 Euro. Dies bedeutet, dass die Mehrheit der Anleger die Karstadt-Aktie zwischen 430 und 480 Euro als fair bewertet ansieht. Je häufiger ein Wert Widerstände oder Unterstützungen testet, umso größer wird die Hürde. Schafft der Kurs es eines Tages auszubrechen, kommt es meist zu größeren Kursreaktionen durch die komplette Veränderung der psychologischen Situation.

Nur selten ergeben sich aus exakt gleichen Kursen Widerstände oder Unterstützungen. Vielmehr handelt es sich meist um enge Preiszonen. Unterstützungen kann man nutzen, um in ihrer Nähe Aktien zu kaufen und nahe des Widerstandes wieder zu verkaufen. Zudem sollte immer ein Stopp unterhalb der Zone gesetzt werden, falls der Verkaufsdruck zu groß wird und die Unterstützung fällt.

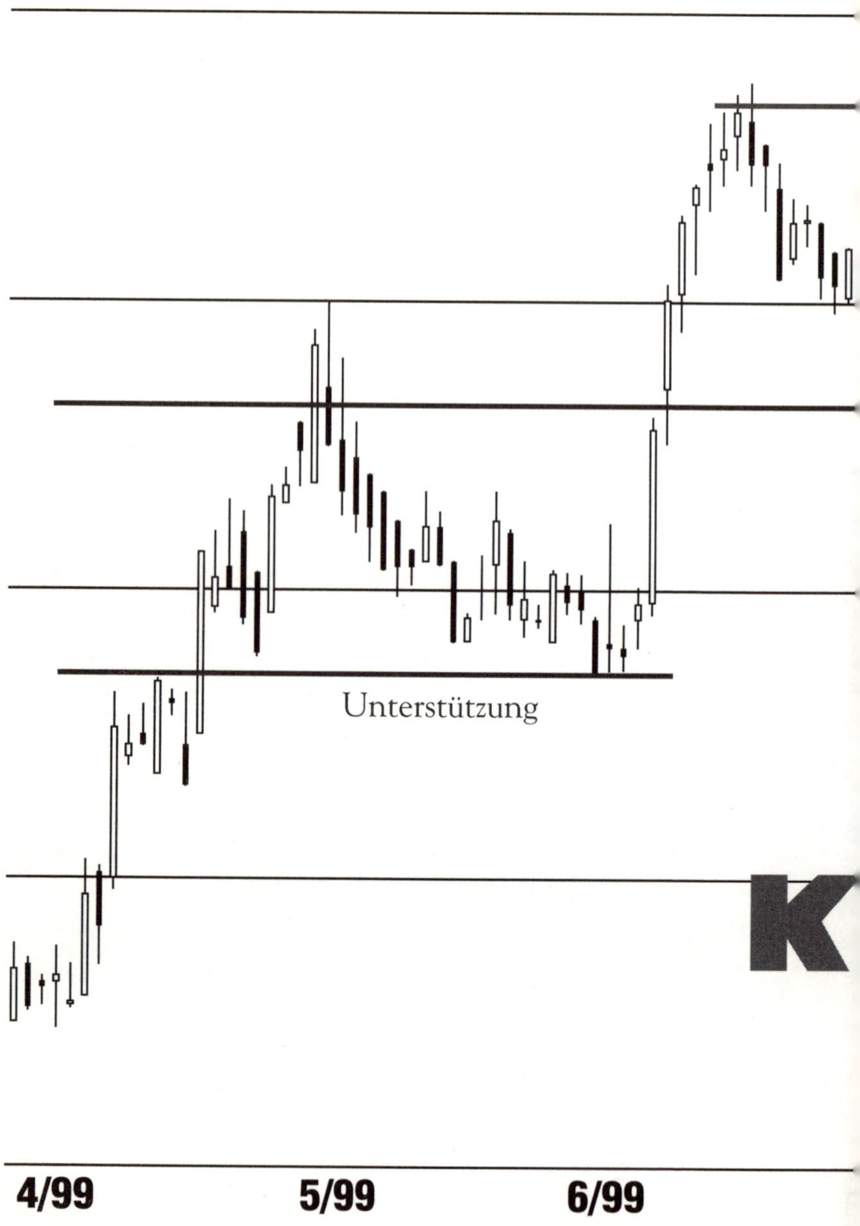
Unterstützung
4/99
5/99
6/99

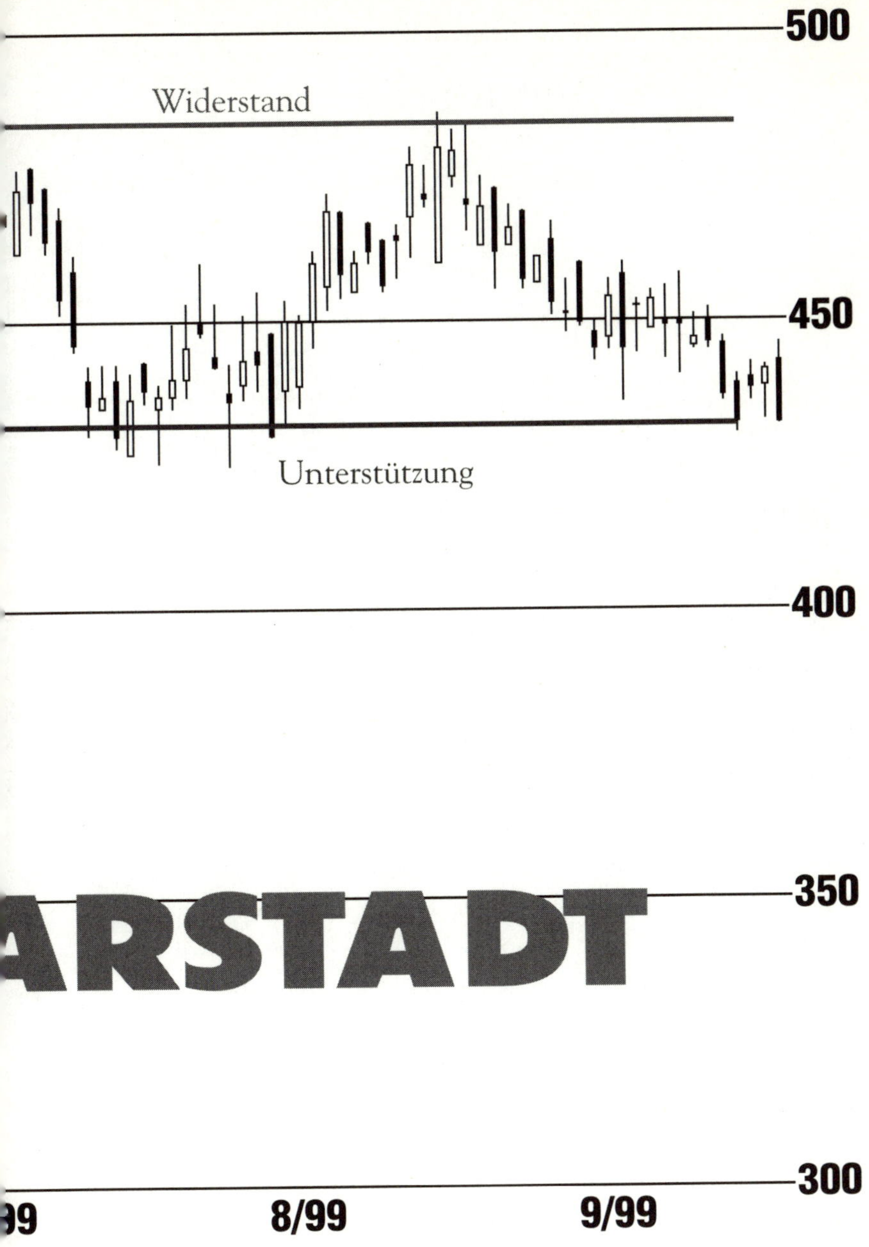
500
Widerstand
450
Unterstützung
400
350
ARSTADT
300
99
8/99
9/99

Trendlinien

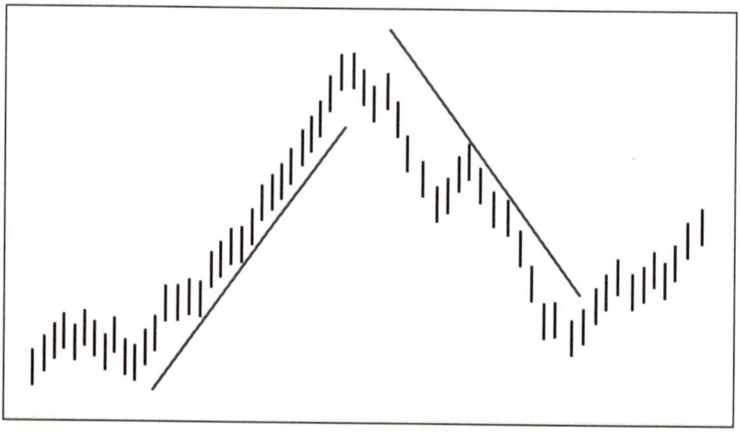

Diese Werkzeuge sind bei der Chartanalyse sehr wichtig. Schon das Wort „Trendlinie“ sagt aus, welche Funktion dieses Hilfsmittel übernehmen soll: mit Hilfe eingezeichneter Linien die Richtung, Signifikanz, Stärke und das Potenzial des zu bewertenden Trends erfassen. Um etwa eine Aufwärtstrendlinie einzuzeichnen, bedarf es mindestens zweier, besser noch dreier Tiefs, von denen das zweite Tief höher ist als das erste. Die Trendlinie Nummer 1 im nebenstehenden Chart des Dow Jones Index konnte so durch das erste Tief Anfang März das zweite höher liegende Tief Mitte März und das dritte Anfang April eingezeichnet werden.

Wieder gilt: Je mehr Punkte zum Einzeichnen der Trendlinie vorhanden sind, umso signifikanter ist die Bedeutung der Linie. Das beweist die starke Reaktion auf den Bruch durch die Trendlinie Nummer 3, die bis dahin insgesamt schon sechsmal getestet worden war. Kann keine Trendlinie eingezeichnet werden, bedeutet das, dass der Markt trendlos ist.

Während einer Korrekturphase in einem Aufwärtstrend können Kurse in der Nähe der Trendlinie als neue Kaufkurse genutzt werden. Damit wird auch das Verlustrisiko limitiert, da ein Stopp optimal unterhalb der Trendlinie gesetzt werden kann. Zudem belässt eine Trendlinie den Anleger lange in einer Gewinnerposition und enthebt ihn von emotionalen, zu frühen Verkaufsentscheidungen.

Wie bei Widerstands- und Unterstützungslinien aus dem vorherigen Kapitel, können kleinere Verletzungen der Trendlinie während des Handelstages ignoriert werden, solange die Gesamttendenz eindeutig ist.

Ein wichtiger Punkt ist noch die Trendlinien-Hierachie. Trendlinien kann man in drei Kategorien – kurz-, mittel- und langfristig – einteilen. Je nach Risikoprofil und Anlagehorizont des Investors bedeutet der Bruch der kurzfristigen, meist sehr steilen Aufwärtstrendlinie für den sehr risikoaversen Anleger, dass er seine Position auflöst. Für den mittelfristig und langfristig orientierten Anleger ist der Trend aber weiterhin noch intakt. Geübte Investoren nutzen die Trendlinien-Hierachie um ihre Positionen entsprechend zu vergrößern und bei einem Durchbruch der verschiedenen Trendlinien entsprechend zu verkleinern.

1
DOW J
3/99
4/99
5/99
6/99

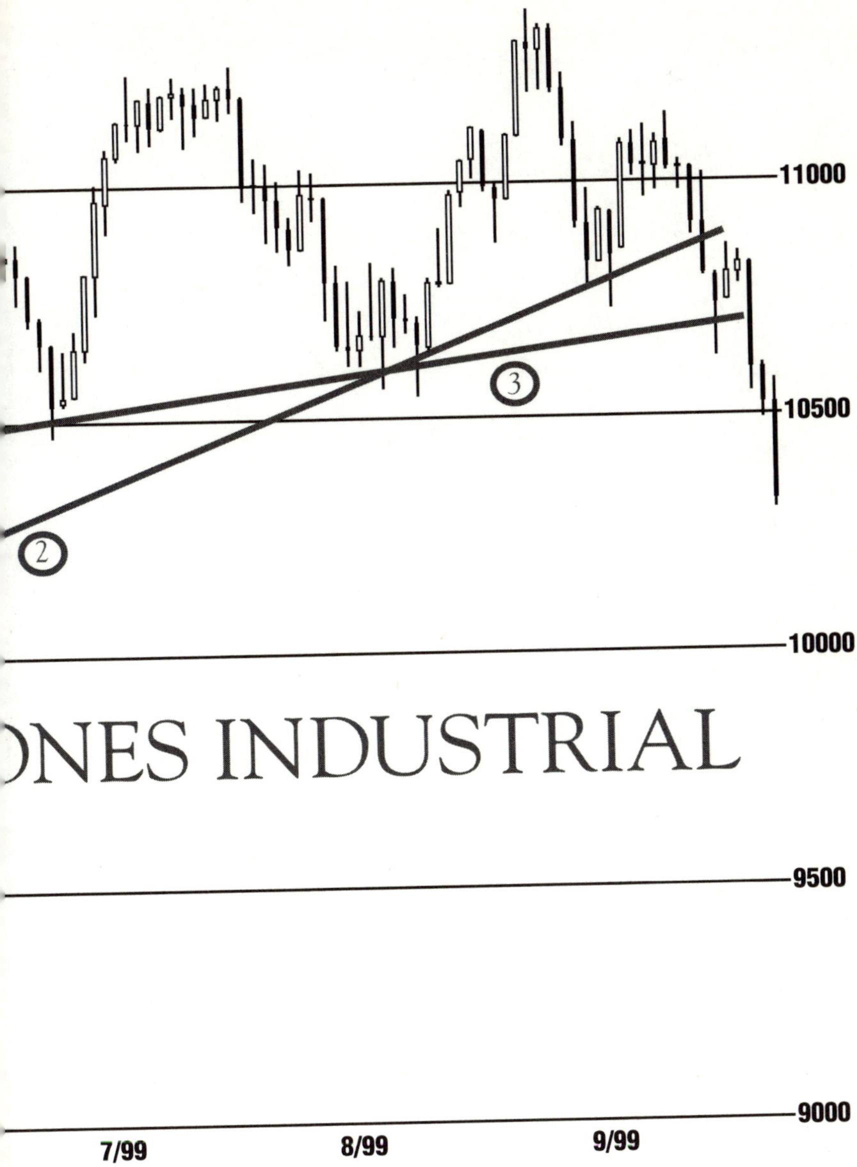
11000
10500
10000
9500
9000
7/99
8/99
9/99
2
3
NES INDUSTRIAL

Rechteck

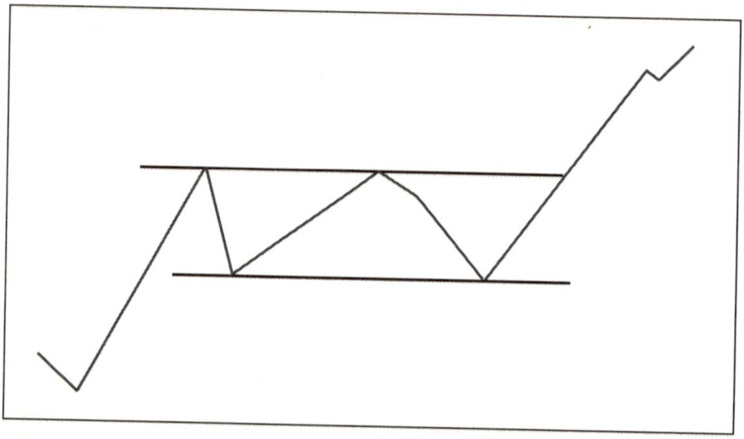

Dieses Werkzeug hat bei der Chartanalyse eine Vielzahl von Namen: Trading Range, Seitwärtsbewegung, Konsolidierungsphase oder eben Rechteck-Formation. Das Rechteck stellt eine Pause in einer Trendbewegung dar, während der sich die Kurse zwischen zwei parallelen, horizontalen Linien bewegen. Die obere ist dabei die Widerstandlinie, die untere die Unterstützungslinie.

Doch anders als bei großen Widerständen, Unterstützungen oder gar Trendlinien tritt die Rechteck-Formation meist im Verlaufe eines Trends auf und stellt eine zwischenzeitliche Pause dar. Daher spielt der Zeitfaktor eine wichtige Rolle. Die Entwicklung der Formation sollte mindestens zwei Wochen andauern, aber längstens sechs Wochen. Ansonsten verliert der anschließende Ausbruch an Signifikanz. Dieses Zeitverständnis ist bei vielen Formationen der Chartanalyse kritisch und sehr einfach zu erklären. Eine Pause nach einer schnellen Marktbewegung bedeutet meist einen Punkt, wo sich die Anleger erst einmal überlegen, ob diese Bewegung in diesem Ausmaß gerechtfertigt war. Dieser Prozess dauert seine Zeit. Das Depot muss neu nachgerechnet, der Wert neu analysiert und bewertet, und die Strategie neu überdacht werden. Wird dieser Prozess zu früh beendet, in dem eine der beiden Linien vorzeitig durchbrochen wird, kann es zu unüberlegten und dadurch überstürzten Handlungen und Entscheidungen kommen. Auf der anderen Seite, wenn der Entscheidungsprozess zu lange dauert, ist dies ein sicheres Zeichen dafür, dass die Mehrheit der Marktteilnehmer sich nicht sicher ist, wie es nun weiter gehen soll. Anschließende Kursbewegungen sind meist ein letztes Aufbäumen der wenigen Übriggebliebenen und entpuppen sich als Fehlsignal.

Der Anleger sollte auch immer achtgeben, dass sich die Rechteck-Formation, die in der Regel eine trendbestätigende Formation ist, nicht zu einem Umkehrsignal wandelt. In einem Abwärtstrend könnten zwei gleiche Tiefpunkte möglicherweise auch eine Doppelboden-Umkehrformation bilden, die in einem späteren Kapitel noch genauer erklärt wird.

Juni
Juli

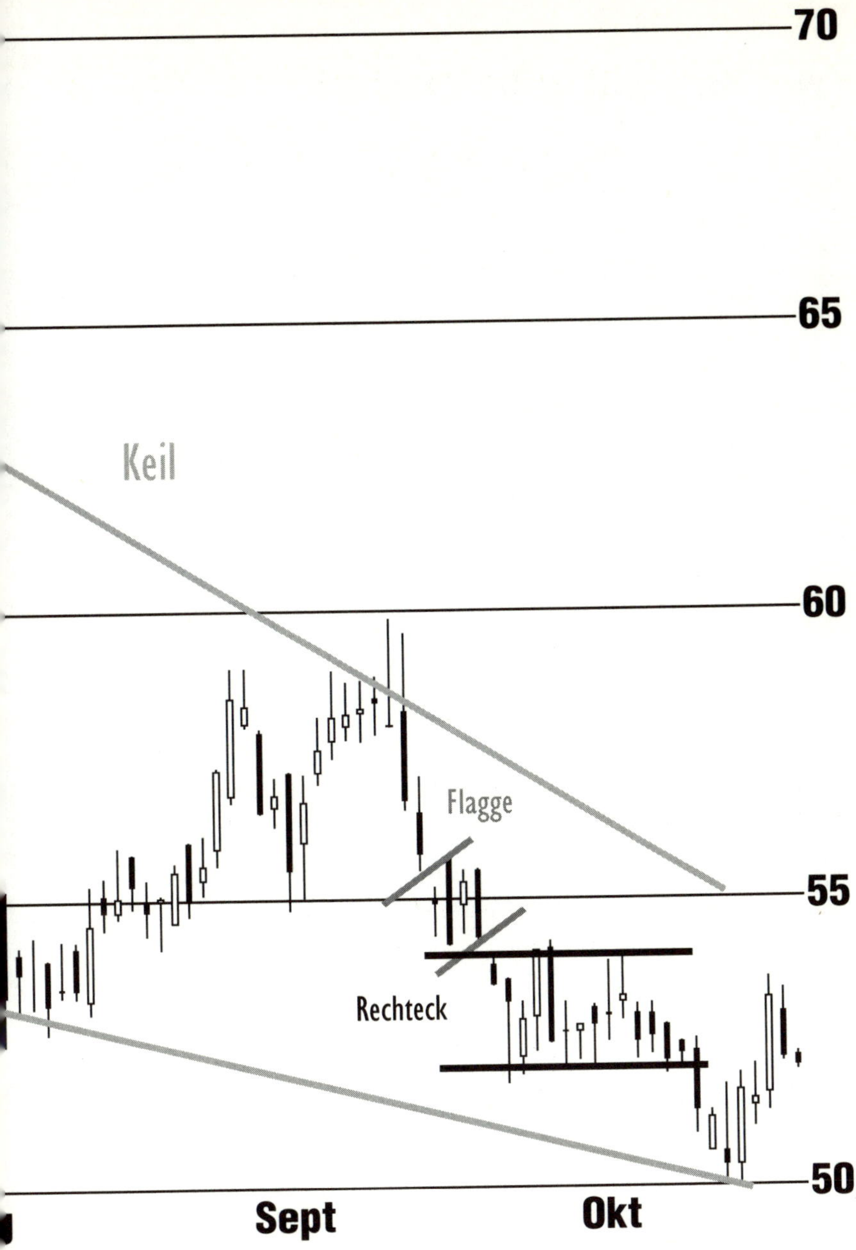
70
65
Keil
60
Flagge
55
Rechteck
50
Sept
Okt

Symmetrisches Dreieck

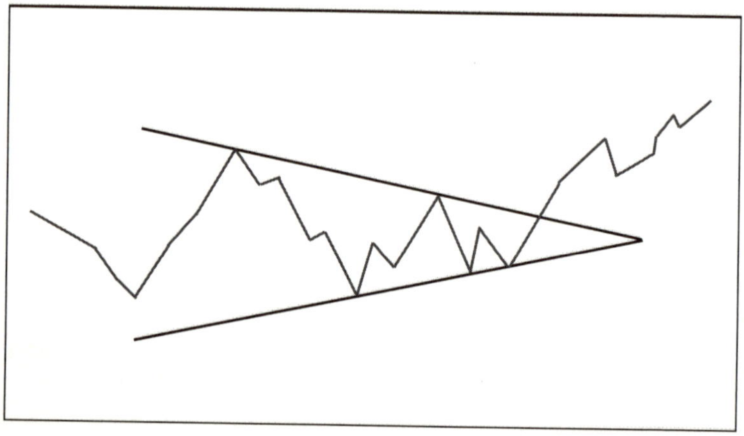

Das symmetrische Dreieck besteht aus zwei zusammenlaufenden Trendlinien. Diese Art von Dreiecken ist in der Regel eine trendbestätigende Formation. Beim Aufwärtstrend zum Beispiel entsteht ein Dreieck, wenn die Käufer eine Verschnaufpause einlegen. Alte Hochs werden nicht mehr genommen. Auf der anderen Seite besteht auch kein großer Verkaufsdruck. Neue Tiefs liegen ein wenig höher als die vorherigen.

Um ein symmetrisches Dreieck einzeichnen zu können (wobei nicht auf die absolute Symmetrie Wert gelegt werden muss), braucht die Charttechnik mindestens vier Punkte. Die ersten zwei sind ein deutliches Hoch und Tief, die nächsten sind ein späteres, niedrigeres Hoch sowie ein weiteres, höheres Tief.

Dabei gilt: Je mehr Punkte zum Einzeichnen des symmetrischen Dreiecks vorhanden sind, desto stärker ist die Aussagekraft. In der Praxis ist oft zu beobachten, dass die Erfolgswahrscheinlichkeit um so größer ist, je früher der Kurs aus der Formation ausbricht. Als sehr guter Erfahrungswert hat sich der Ausbruch zwischen dem zweiten und dem letzten Drittel der Formation bewährt. Passiert der Ausbruch dagegen an der Spitze des Dreiecks, produziert die Formation überdurchschnittlich oft Fehlsignale.

Ein erstes Kursziel errechnet sich aus dem Abstand zwischen dem ersten Hochpunkt und dem ersten Tiefpunkt der Formation. Diese Differenz wird dann am Ausbruchspunkt addiert oder subtrahiert. Das Ergebnis ist ein erstes, realistisches Kursziel. Ein guter Stopp kann ebenso gesetzt werden. Sollte der Kurs unter den Punkt fallen, an dem die beiden konvergierenden Trendlinien zusammentreffen, dann ist die positive Psychologie vorbei, die aus dieser Formation ersichtlich war, und die Position sollte am besten wieder verkauft werden.

Ein Nutzen des symmetrischen Dreiecks liegt darin, dass es früher als die Unterstützungs- und Widerstandslinien ein Ausbruchssignal liefert. Zur Bestätigung des Signals sollte der Schlusskurs außerhalb der Trendlinie sein.

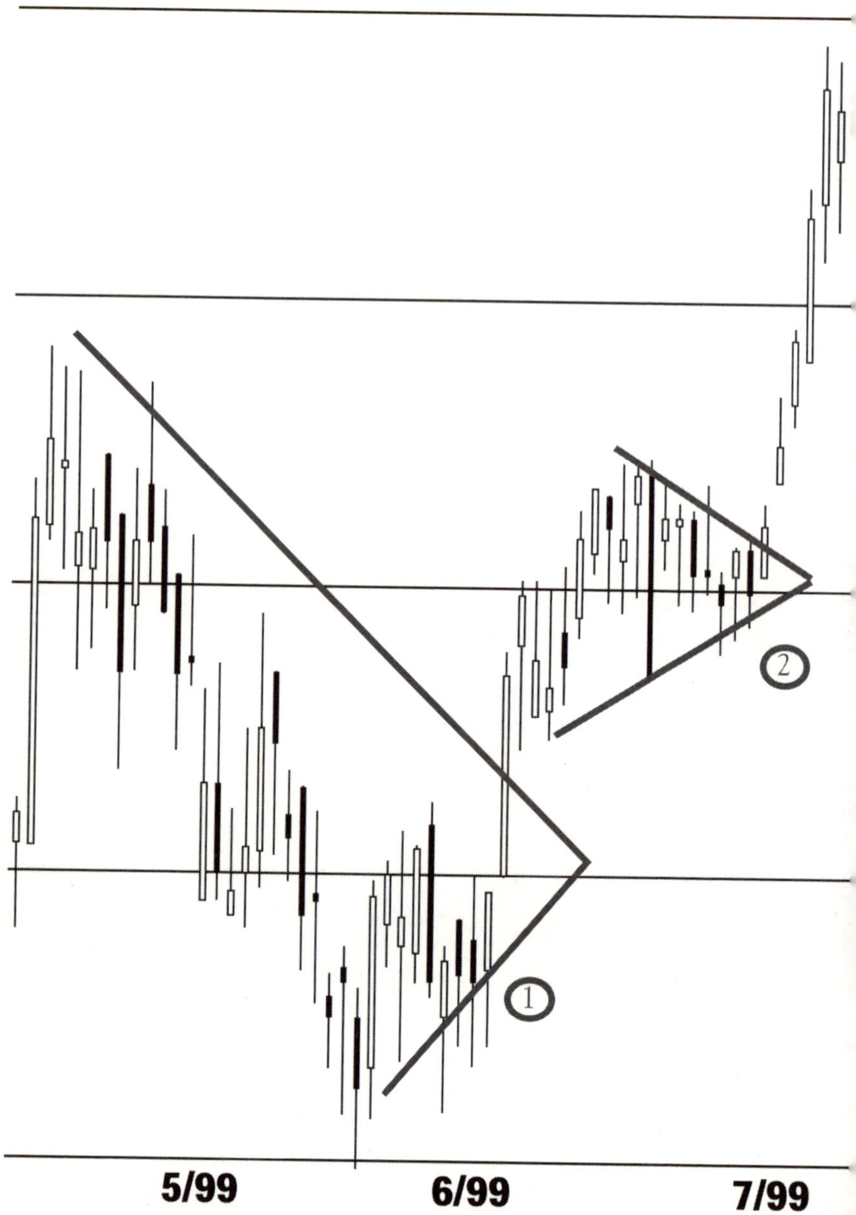
1
2
5/99
6/99
7/99

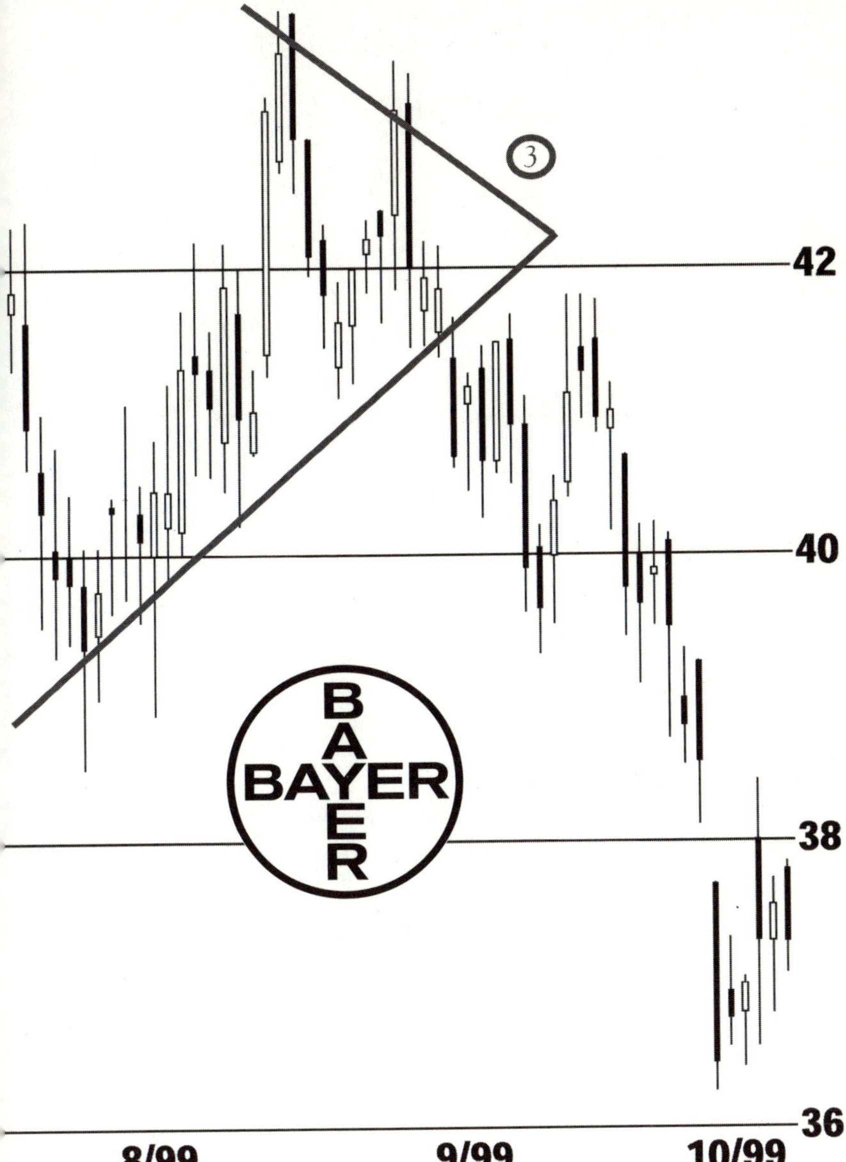

3
44
42
40
38
36
BAYER
8/99
9/99
10/99

Steigende & Fallende Dreiecke

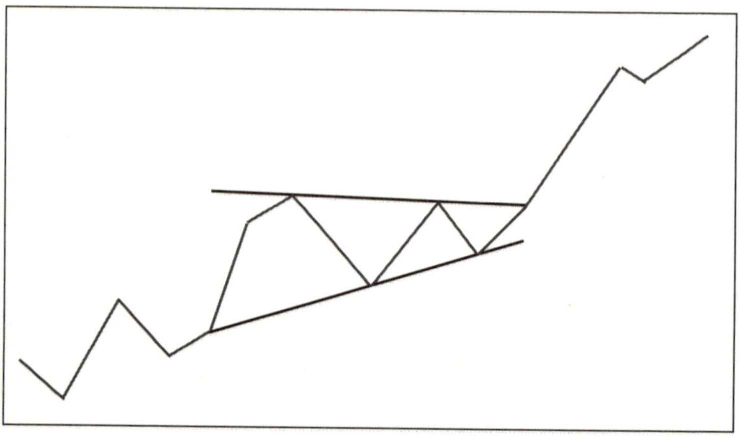

Das steigende Dreieck ist eine Variation des symmetrischen Dreiecks, das im letzten Kapitel besprochen wurde. Bei einem steigenden Dreieck verläuft im Gegensatz zum symmetrischen die obere Trendlinie flach, mehr in Form einer Widerstandslinie. Der Chart der Deutsche-Bank-Aktie macht dies deutlich. Das steigende Dreieck gilt als eine Bullen-Formation. Die Käufer gehen insgesamt wesentlich aggressiver vor als die Verkäufer.

Alte Hochpunkte können zwar noch nicht getoppt werden, neue Tiefs liegen jedoch immer ein wenig höher als das vorherige Tief. Je länger die Formation zur Entstehung braucht, um so aussagekräftiger ist sie. Als optimaler Zeitraum gelten ein bis drei Monate. Sowohl das erste steigende Dreieck als auch das entstehende zweite Dreieck im Chart der Deutschen Bank erfüllen dieses Kriterium.

Bei Dreiecken kommt es nach dem Ausbruch aus der Formation in der Mehrzahl der Fälle zu schnellen Kursbewegungen. Der rasante Kursanstieg der Deutschen-Bank-Aktie nach dem Ausbruch aus dem ersten Dreieck zeigt dies deutlich. Innerhalb weniger Tage wurde das errechnete Kursziel erreicht. Wie beim symmetrischen Dreieck ergibt sich dieses Ziel aus dem Abstand zwischen dem ersten Hoch- und Tiefpunkt der Formation. Dieser Abstand wird zu dem Kurs am Ausbruchspunkt addiert. Das Ergebnis ist dann das Kursziel. Anders als beim symmetrischen Dreieck dient nun die obere Trend- bzw. Widerstandslinie als Stop-Marke. Wird diese wieder von oben nach unten unterschritten, sollte die Position wieder verkauft werden.

Neben den steigenden gibt es auch fallende Dreiecke. Für diese „Bären-Dreiecke" gelten die oben genannten Kriterien entsprechend umgekehrt. Die Verkäufer gehen wesentlich aggressiver vor als die Käufer. Daher wird diese Formation in der Regel nach unten verlassen.

Obwohl das fallende Dreieck genauso wie das steigende Dreieck eine Trendfortsetzungs-Formation ist, kann es vorkommen, dass diese Art von Dreiecken auch an den Hoch- bzw. Tiefpunkten einer Marktbewegung auftreten und an dieser Stelle als signifikante Umkehr-Formation zu werten sind.

1
Mai
Juni
Juli

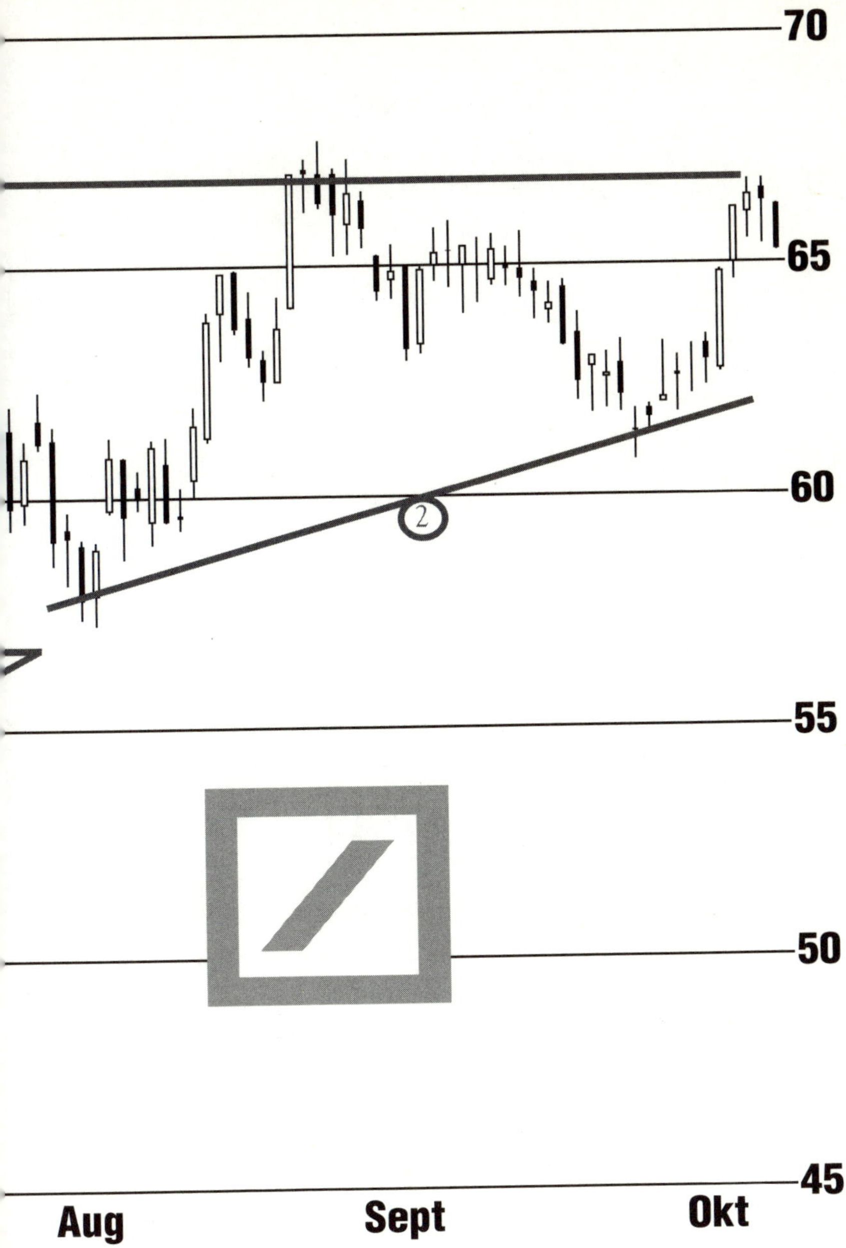
70
65
60
2
55
50
45
Aug
Sept
Okt

Flaggen & Wimpel

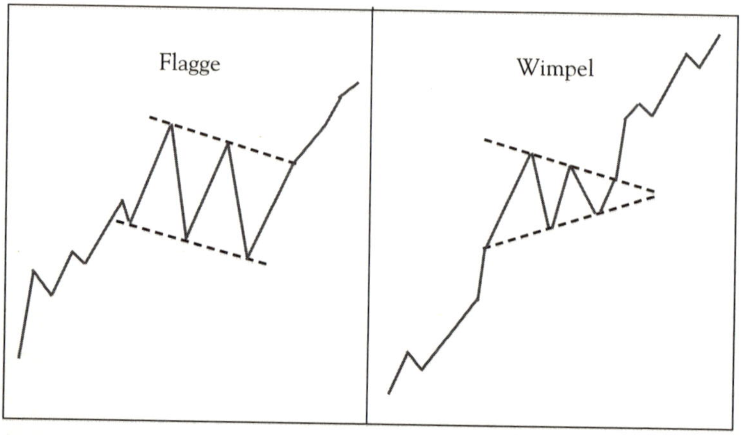

Beide Formationen sind rein trendbestätigend. Flaggen und Wimpel stellen innerhalb einer starken Trendbewegung eine kurze Pause dar, um wieder Atem zu schöpfen, bevor ein erneuter Schub in die vorherrschende Richtung erfolgt. Der Zeitraum umfasst eine bis maximal vier Wochen. Darin liegt auch der Hauptunterschied zu ähnlich aussehenden Formationen. Einer der Voraussetzungen für Flaggen- und Wimpel-Formationen ist, dass ihnen eine scharfe, fast senkrechte Kursbewegung in Form eines steilen Anstieges oder Sturzfluges vorausgeht. Entsprechend wird diese Bewegung dann auch als (Flaggen-) Mast bezeichnet.

Die Flagge besteht aus zwei parallelen Trendlinien, die einem leicht geneigten Rechteck ähneln. Diese Linien verlaufen kurzfristig gegen den vorherrschenden Trend. In einem dominanten Abwärtstrend ist die Flagge leicht aufwärts gerichtet, wie im Chart von Daimler deutlich zu erkennen. In einem Aufwärtstrend ist die Flagge entsprechend leicht abwärts geneigt.

Der Wimpel dagegen ist wie bei einem kleinen symmetrischen Dreieck eine Formation aus zwei zusammenlaufenden Linien. Im Gegensatz zur Flagge verläuft der Wimpel mehr in der Horizontalen.

Die Kursziel-Bestimmung ist etwas diffizil. Als Faustregel gilt, dass Flaggen oder Wimpel etwa nach der Hälfte der Kursbewegung auftreten. Am Beispiel von Daimler heißt das: Nach dem Ausbruch aus dem symmetrischen Dreieck bei 87 Euro fiel der Kurs schnell auf 78 Euro. Dann bildete sich eine Flagge. Diese Kursbewegung von 9 Euro, Flaggenmast genannt, wird nun vom Ausbruchspunkt aus der Flagge wieder nach unten projiziert. Der Ausbruch war bei 79 Euro. Abzüglich des Flaggenmastes von 9 Euro ergibt sich ein Kursziel von 70 Euro. Dies wurde wenig später erreicht.

Zur Wiederholung: Sowohl die Flagge als auch der Wimpel unterscheiden sich von einem Rechteck bzw. einem symmetrischen Dreieck vor allem durch den Zeitfaktor. Während sich letztere Formationen in einem Zeitraum von ein bis drei Monaten entwickeln, dauert dieser Prozess bei Flaggen und Wimpeln nur ein bis drei Wochen. Oft ist zu beobachten, dass vor allem in Abwärtsbewegungen diese wesentlich schneller abgeschlossen werden als in Aufwärtsbewegungen.

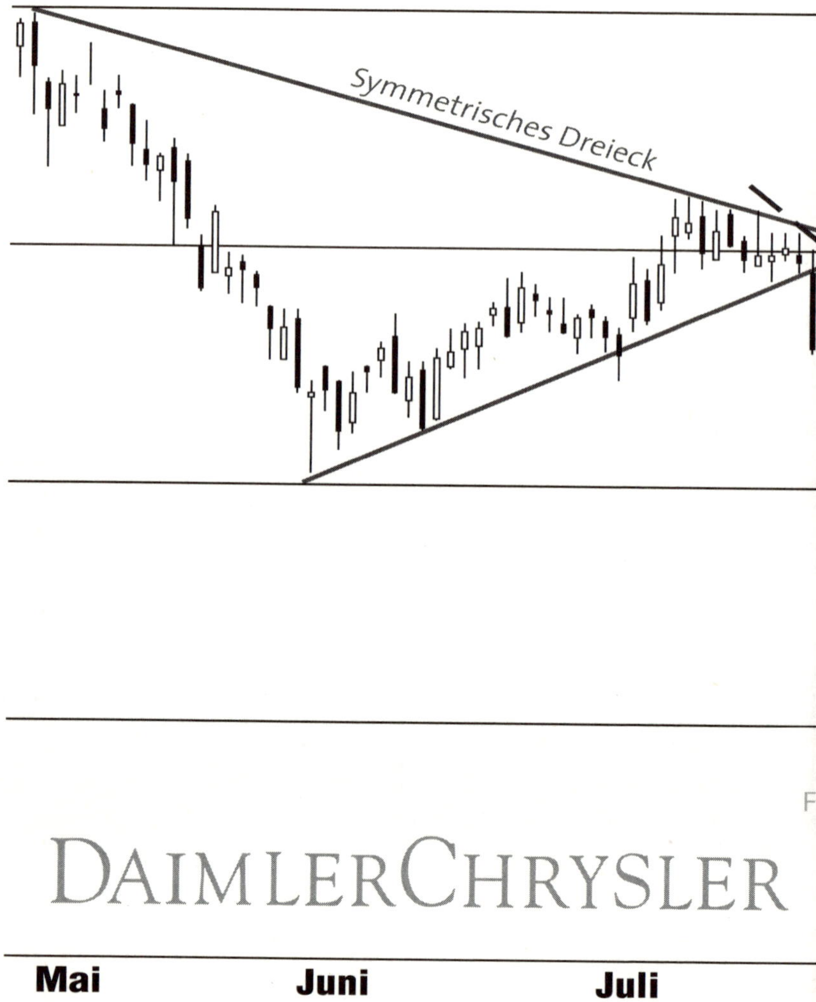
Symmetrisches Dreieck
DAIMLERCHRYSLER
Mai
Juni
Juli

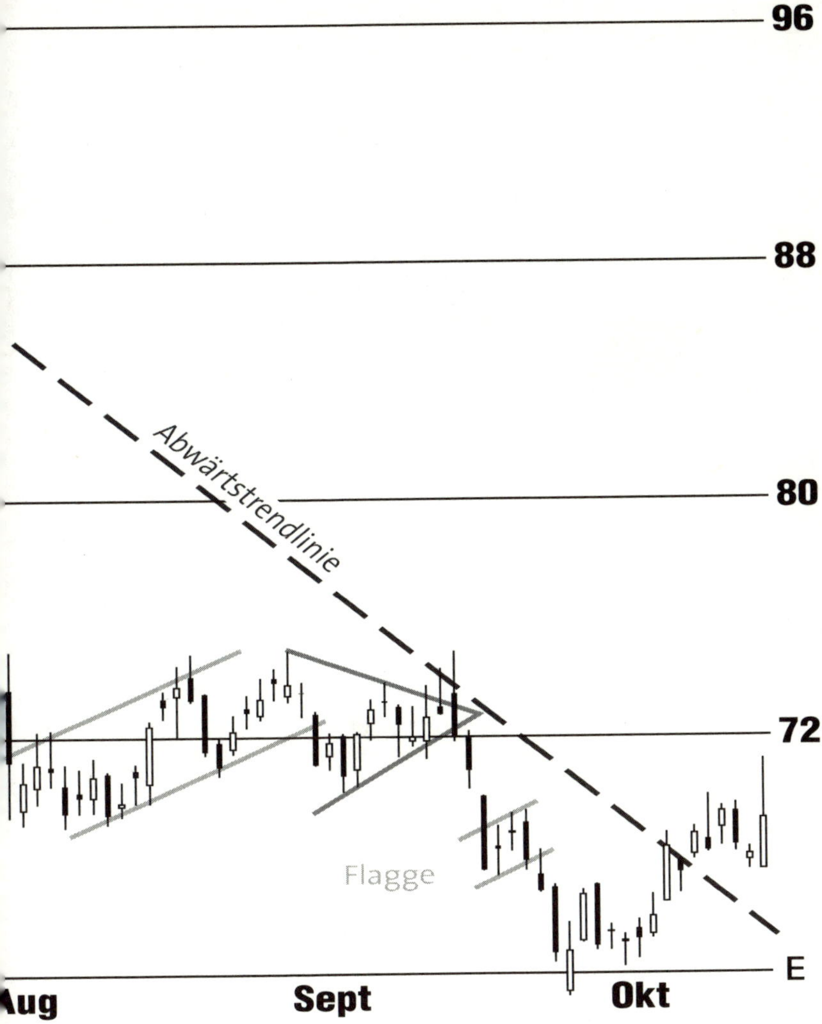
96
88
Abwärtstrendlinie
80
72
Flagge
E
Aug
Sept
Okt

Bullisher Keil

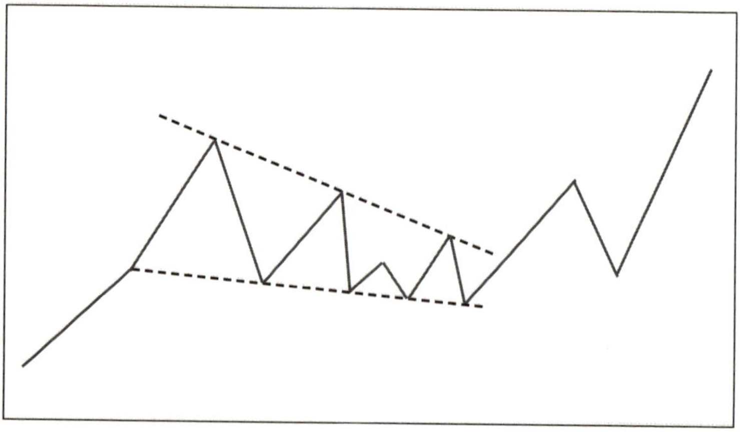

Die Keilformation ähnelt sehr einem symmetrischen Dreieck. Auch hier entsteht die Formation aus zwei zusammenlaufenden Trendlinien. Im zeitlichen Ablauf der Entstehung gibt es ebenfalls Gemeinsamkeiten.

Die kleinen Keile (Keil 2 im Chart auf der nächsten Doppelseite) entstehen während eines Zeitraumes von ein bis drei Monaten. Die dominante Version kann bis zu sechs Monate dauern (Keil 1). Kleine Keil-Formationen treten in der Regel innerhalb eines bestehenden Trends auf. Große, dominante Keile, wie die Formation im Chart der Volkswagen-Aktie, finden sich hauptsächlich am Top oder am Marktboden und sind Trendumkehr-Formationen.

In einem wesentlichen Punkt unterscheidet sich der trendbestätigende kleine Keil aber von einem symmetrischen Dreieck: Er hat eine klar erkennbare Neigung. Wie bei Flaggen-Formationen verläuft diese Steigung gegen den vorherrschenden Trend. Ein bullisher Keil hat also eine leicht fallende Neigung.

Ein Kursziel errechnet sich wie beim symmetrischen Dreieck auch beim bullishen Keil aus der Differenz zwischen dem Hoch- und dem Tiefpunkt der Formation, die dann zum Ausbruchspunkt addiert wird.

Die Psychologie hinter einem bullishen Keil ist folgende: Die Luft aus einem Aufwärtstrend ist vorerst raus und die Bullen legen eine Atempause ein. Dies wird durch eine leicht abwärts geneigte Seitwärtsbewegung ersichtlich, deren Schwankungsbreite sich immer weiter verringert. Zwar versuchen die Bären die Kurse immer ein Stückchen nach unten zu drücken, doch der große Durchbruch gelingt ihnen nicht. Immer wieder gelingt es den Bullen, die Kurse zu stützen, wenn auch ohne großen Enthusiasmus. Dadurch entsteht die steiler fallende obere Trendlinie. Doch ab einem gewissen Punkt dreht die Stimmung wieder und es kommt neue Kauflaune auf. Die Kurse schießen nach oben und die Bären müssen ihre Positionen glattstellen, was die Kurse noch weiter ansteigen lässt.

Juni
Juli

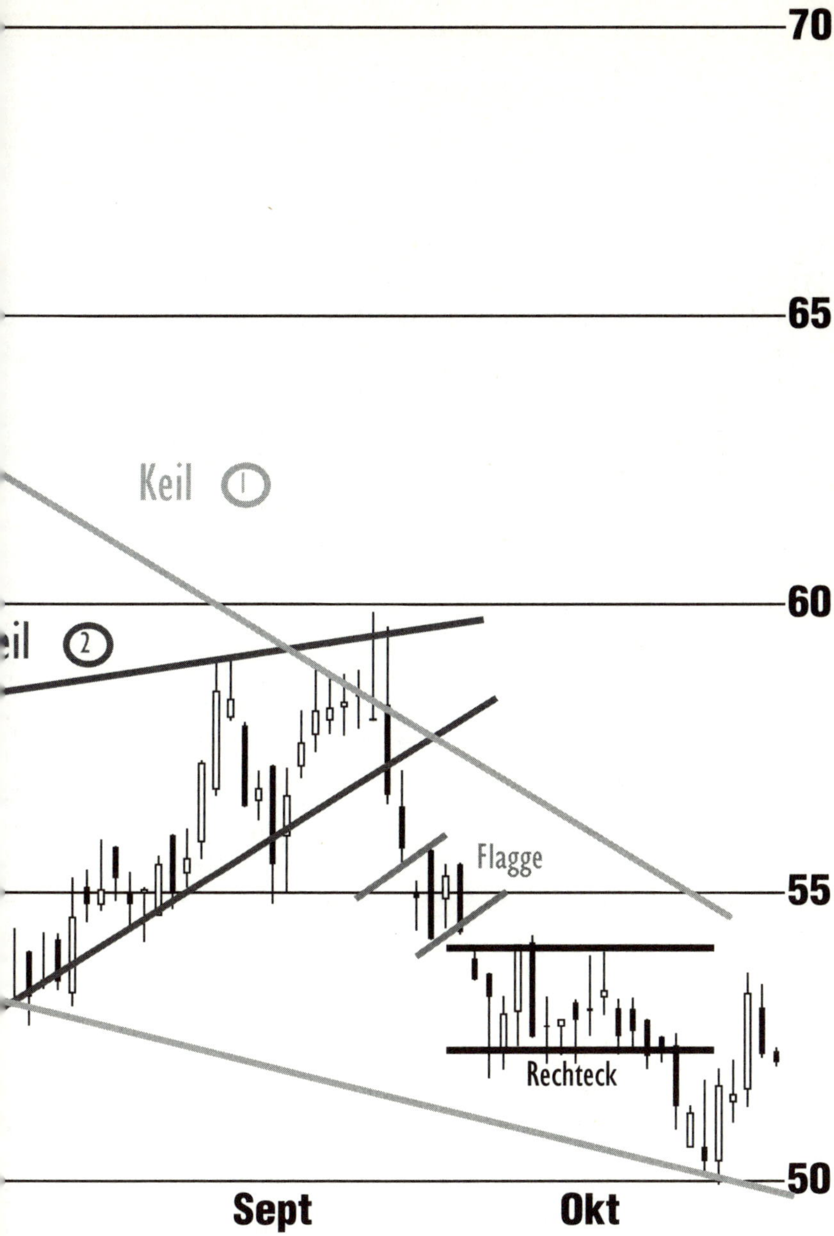
70
65
Keil 1
60
eil 2
Flagge
55
Rechteck
50
Sept
Okt

Bearisher Keil

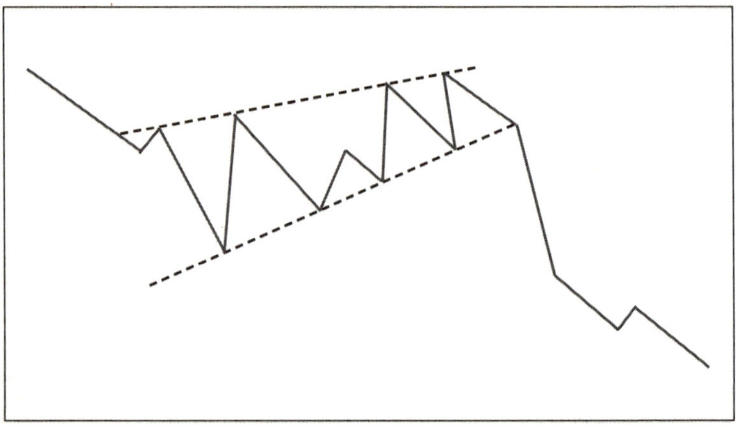

Die bearishe Keilformation weist im Gegensatz zum bullishen Keil eine steigende Richtung entgegen dem vorherrschenden Abwärtstrend auf. Wie bei einem symmetrischen Dreieck ist das Ausbruchssignal dann am signifikantesten, wenn er im zweiten Drittel der Formation und vor der Spitze des Keils passiert.

Doch bearishe Keile sind nicht nur trendbestätigende Formationen innerhalb eines Abwärtstrends, sondern treten sehr häufig auch als Umkehr-Formationen an Markt-Tops auf. Aus der keilförmigen Verengung erklärt sich die Ausbruchsrichtung, da am Ende eines Aufwärtstrends der in flachem Winkel verlaufende Kursanstieg auf beginnende Schwäche hindeutet.

In der Theorie heißt es, dass, wenn die zusammenlaufende Kursentwicklung nicht in die Gegenrichtung ausbricht, diese nicht als Keile einzuordnen sind und daher auch keinen Signalwert haben. In der Praxis hat sich jedoch genau das Gegenteil herausgestellt.

Bildet sich zum Beispiel an einem Markthoch ein bearisher, also leicht ansteigender Keil, ist dies normalerweise ein Anzeichen dafür, dass die Bullenkräfte langsam nachlassen und irgendwann der Punkt kommt, ab dem die Bären die Überhand gewinnen. Entsprechend sind die Erwartungen vieler Marktteilnehmer. Doch dann passiert genau das Gegenteil. Die Kurse brechen überraschenderweise aus dem bearishen Keil nach oben aus. Sehr oft sind dann heftige Kursreaktionen wieder in Richtung des Trends zu beobachten. Das kommt daher, dass viele auf dem falschen Fuß erwischt worden sind und nun der unerwarteten Kursentwicklung noch hinterher springen. Andere haben auf Grund der negativen Interpretation der bearishen Keil-Formation schon im Vorfeld Aktien verkauft und müssen diese nun wieder zurückkaufen. So wird aus einer bearishen Formation, die nicht erfüllt wird, mit einem Mal eine sehr bullishe.

Consors

90
80
70
60
50
40
Keil
Keil
Okt
Nov
Dez

Der Diamant

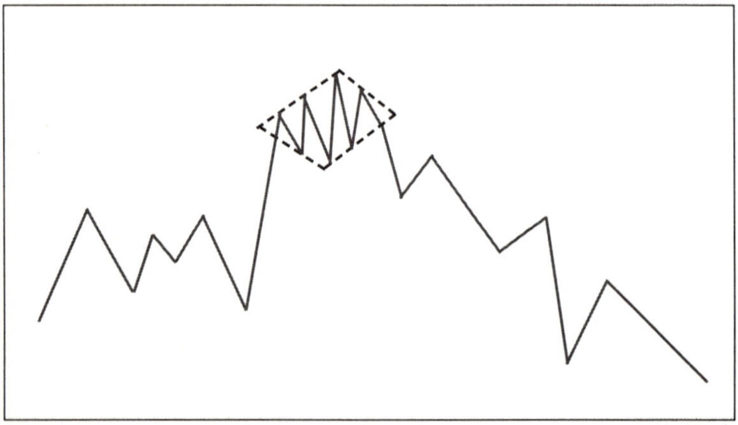

Die Diamant-Formation ist eine eher seltene Formation, die normalerweise an einem Hoch zu finden ist. Der Diamant ist eine Kombination zweier unterschiedlicher Dreiecke, wie im Chart des S&P-500-Index auf der nächsten Seite gut zu erkennen ist.

Das erste Dreieck ähnelt sehr einem umgekehrten symmetrischen Dreieck. Bei diesem laufen die beiden Trendlinien aufeinander zu, während bei der umgekehrten Variante beide Trendlinien auseinanderdriften. Im Fachjargon wird dieses umgekehrte symmetrische Dreieck „Verbreiterungsformation" genannt. Alleinstehend ist diese Verbreiterungsformation eine Trendumkehrformation. Folgt auf eine Verbreiterungsformation ein symmetrisches Dreieck, nennt man das Resultat eine Diamant-Formation.

Psychologisch entsteht die Verbreiterungsformation, wenn die Unsicherheit, ob der Aufwärtstrend weiter anhält, immer größer wird und die Nervosität unter den Börsianern zunimmt. Das führt zu immer größer werdenden Ausschlägen in beide Richtungen, bis sich eine der beiden Märktkräfte, entweder die Bullen oder – in der Regel – die Bären, durchsetzt.

Geht nun die Verbreiterungsformation nahtlos in ein symmetrisches Dreieck über, ist das ein Zeichen dafür, dass die Entscheidung erst mal vertagt wurde. Viele Marktteilnehmer halten sich nun fern; die Zahl der gehandelten Papiere nimmt ab, und auch die Kursschwankungen werden geringer. Aus dieser Kombination der unterschiedlichen psychologischen Einstellungen und Erwartungen der Marktteilnehmer entsteht dann die Diamant-Formation.

Die Kurszielbestimmung ähnelt jener bei den Dreiecksformationen. Der Tiefpunt der Formation wird vom Wert des Hochpunktes subtrahiert. Vom Ausbruchspunkt aus dieser Formation wird diese Differenz dann abgezogen und es ergibt sich ein erstes Kursziel.

Verbreiterungsformation
S&P
Mai
Juni
Juli

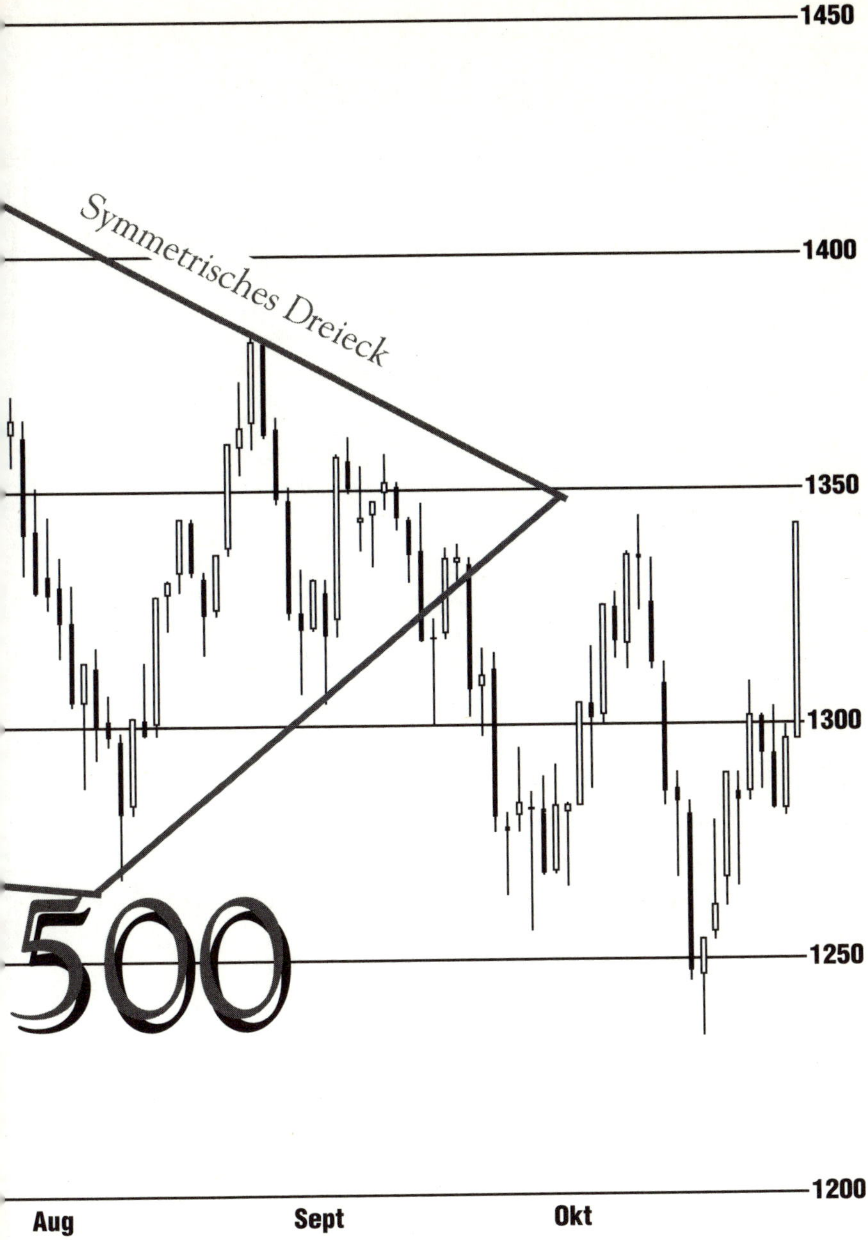

Symmetrisches Dreieck
1450
1400
1350
1300
1250
1200
Aug
Sept
Okt
500

Doppeltief & Doppelhoch

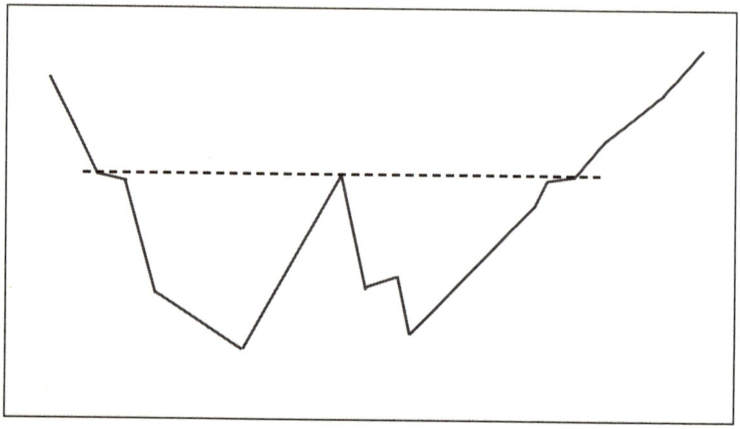

Eine sehr häufig auftretende Umkehrformation ist das Doppeltief oder das Doppeltop. Sie werden wegen ihrer Form auch W-Formation oder M-Formation genannt.

Die W-Formation im folgenden DAX-Chart besteht aus zwei Kurstiefs, die auf demselben Kursniveau liegen. Die Formation ist vollendet, wenn das mittlere Hoch (Punkt A) auf Schlusskursbasis gebrochen wird (Punkt B). Der Zeithorizont für die Entstehung der W- und M-Formationen umfasst mindestens sechs Wochen. Das Doppeltief beim DAX entstand von Mitte September bis Anfang November 1999.

Wie viele der charttechnischen Werkzeuge sind die Beispiele aus dem wirklichen Leben Variationen des Idealbildes, wenn zum Beispiel die Tiefs oder Hochs nicht immer exakt auf demselben Niveau liegen. Abhilfe kann geschaffen werden, wenn es möglich ist, mehrere Formationen miteinander zu kombinieren, die sich gegenseitig bestätigen. Am Beispiel des DAX-Charts links bedeutet der Ausbruch über Punkt A die Vollendung der W-Formation, obwohl das zweite Tief das Niveau des ersten nicht ganz erreicht.

Zusätzlich bekommt das symmetrische Dreieck in der langen Seitwärtsbewegung durch den Ausbruch einen positiven Charakter. Ein kleiner bearisher Keil, der kurz vor dem Ausbruch positiv verlassen wird, rundet das gute Gesamtbild ab.

Wie bei vielen Chartformationen errechnet sich das Kursziel bei der W- und der M-Formation aus der Differenz von Hoch- und Tiefpunkt der Formation, die dann zum Ausbruchspunkt addiert oder von ihm subtrahiert wird.

Eine Abwandlung der Doppeltief- bzw. Doppelhoch-Formation ist die Dreifachboden- bzw. Dreifachtop-Formation. Wie der Name schon sagt, wird das Markttief bzw. das Markthoch nicht zweimal, sondern dreimal getestet, bevor es zu einer Umkehr kommt. Da die drei Tiefs bzw. Hochs auf einem Niveau liegen, zählen sie auch nicht zu den Kopf-Schulter-Formationen, die im nächsten Kapitel besprochen werden. Da diese Dreifach-Formationen in der Praxis relativ selten auftreten, messen wir ihnen an dieser Stelle keine größere Bedeutung zu.

DAX
Juni
Juli
Aug

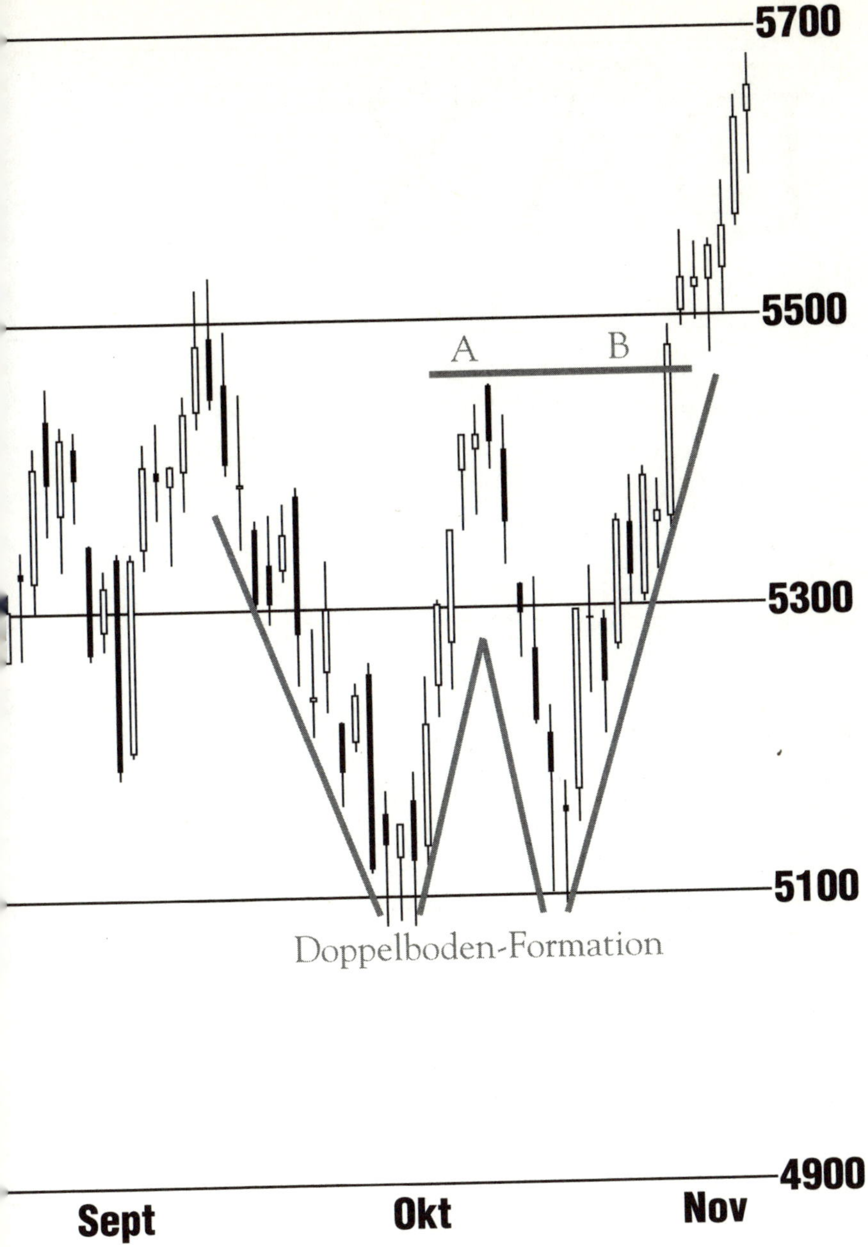
5700
5500
A
B
5300
5100
Doppelboden-Formation
4900
Sept
Okt
Nov

Kopf-Schulter Formation

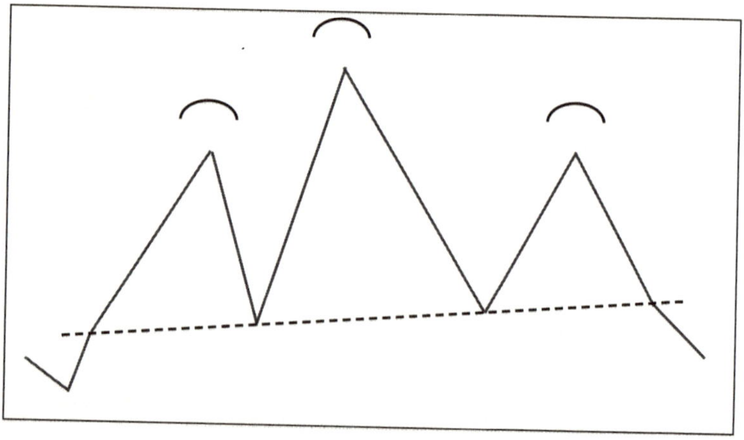

Eine – wie das Doppeltief oder das Doppeltop der letzten Woche – sehr häufig auftretende Umkehrformation ist die Kopf-Schulter-Formation. Eine fast lehrbuchhafte Kopf-Schulter-Formation (KS) bildete die EM.TV-Aktie (siehe Chart). Diese Formation entsteht, wenn ein starker Aufwärtstrend plötzlich an Kraft verliert.

Der Aufwärtstrend kommt an Punkt A, der linken Schulter, zum Halt, und es folgt eine kurze Korrektur. Der Trend nimmt jedoch bald wieder Fahrt auf und steigt höher als Punkt A. An Punkt B, dem Kopf der Formation, stoppt der Aufwärtstrend erneut und es kommt zu einer weiteren Korrektur. Diese führt idealerweise bis in die Nähe des Tiefs der vorherigen Korrektur, muss aber nicht. Anschließend erfolgt ein weiterer Ansturm der Bullen auf das letzte Hoch, doch der Angriff scheitert (Punkt C). Anleger, die das Handels-Volumen beobachten, werden feststellen, dass die Umsätze stark rückläufig sind. Nachdem die Kurse wieder abwärts drehen, ist die KS-Formation vollendet, wenn die Unterstützungslinie, im Fachjargon Nackenlinie, nach unten durchbrochen wird.

Idealerweise hat die Nackenlinie bei einer Kopf-Schulter-Formation eine leichte Aufwärtstendenz. Der Vorteil: Das Ausbruchssignal erfolgt früher. Doch auch eine waagrechte und selbst eine fallende Nackenlinie haben ihre Relevanz, wenn auch mit dem Nachteil behaftet, dass das Signal sehr spät erfolgt.

Wie bei vielen charttechnischen Formationen zeigt das wirkliche Börsen-Leben meist Variationen des Ideals. So bildete die EM.TV-Aktie sogar zwei rechte Schultern; das widerspricht der Aussagekraft der Formation aber nicht.

Auch bei der KS errechnet sich das Kursziel aus der Differenz von Hoch- und Tiefpunkt der Formation. Diese wird dann zum Ausbruchspunkt addiert oder von ihm subtrahiert.

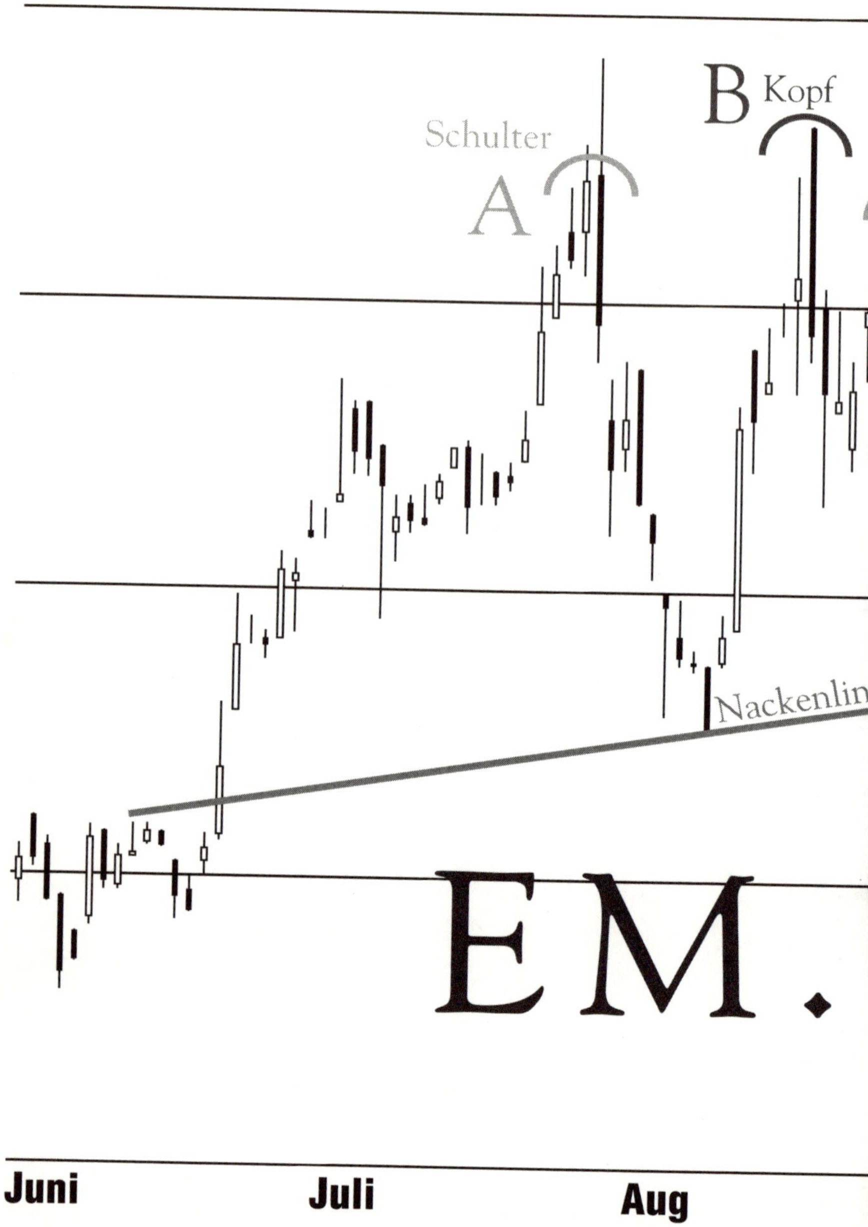

EM.

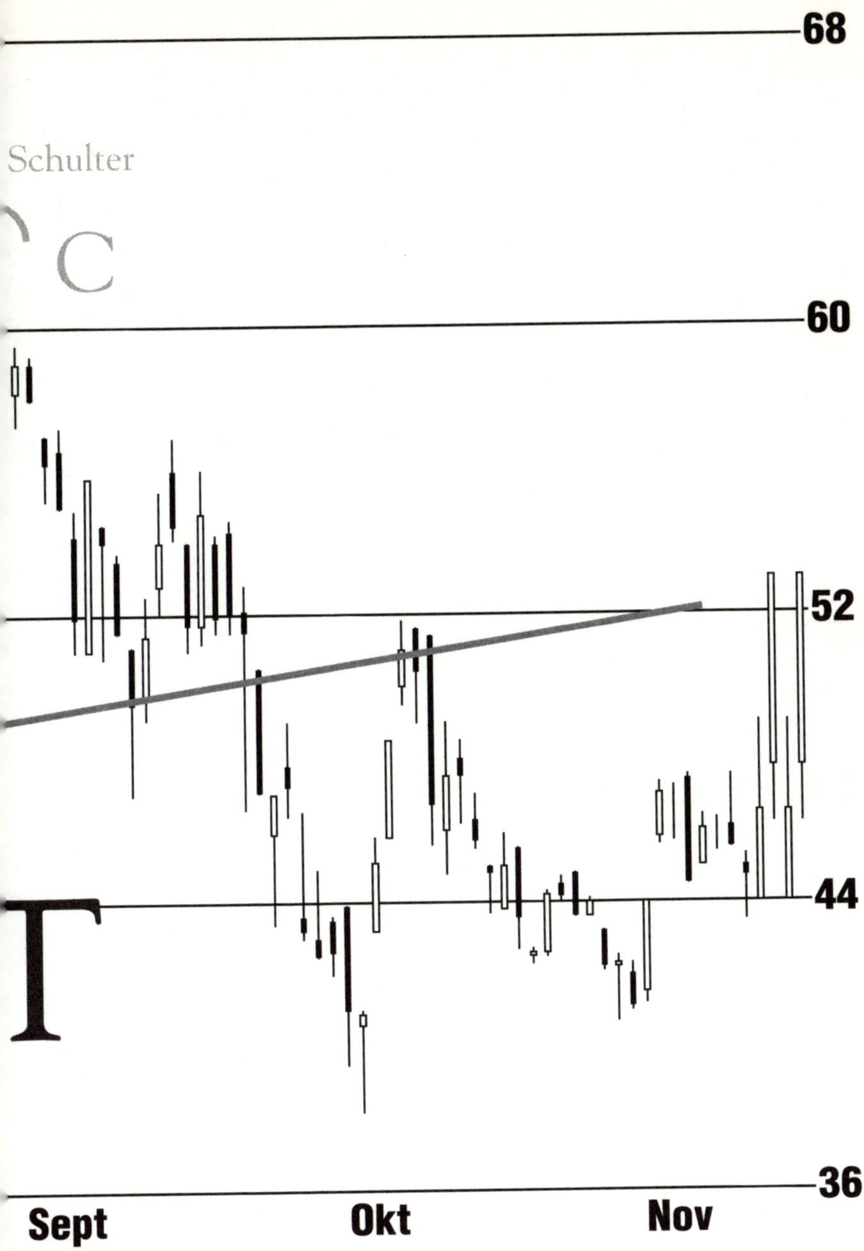
68
Schulter
C
60
52
44
T
36
Sept
Okt
Nov

Kopf-Schulter-Formation II

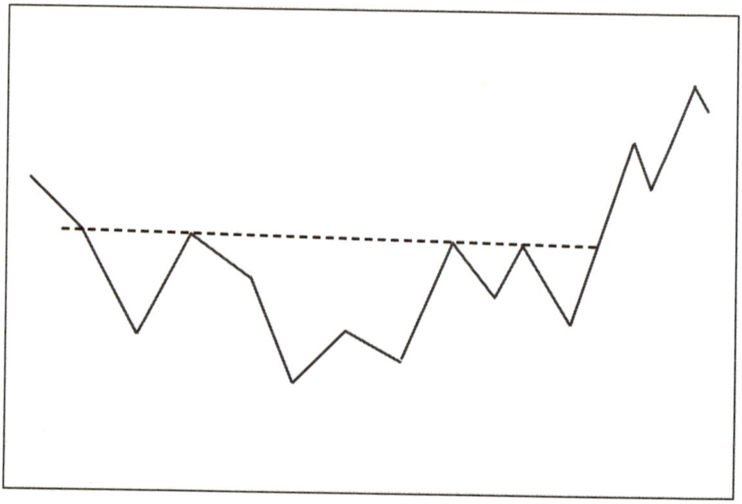

Im letzten Kapitel wurde die normale Kopf-Schulter-Formation (KS) besprochen, die eine Trendumkehr an einem Hoch markiert. Eine umgekehrte KS-Formation ist sinngemäß eine Formation, die einen Abwärtstrend beendet.

Für die umgekehrte KS-Formation gelten im Prinzip die gleichen Regeln wie für eine KS-Formation. Jedoch verläuft alles spiegelbildlich: Der Abwärtstrend kommt an Punkt A, der linken Schulter, zum Halt; es folgt eine kurze Korrektur. Der Abwärtstrend nimmt jedoch bald wieder Fahrt auf und die Kurse fallen tiefer als Punkt A.

An Punkt B, dem Kopf der Formation, stoppt der Abwärtstrend erneut und es kommt zu einer weiteren Korrektur. Diese führt idealerweise bis in die Nähe des Hochs der vorherigen Korrektur, muss aber nicht. Anschließend erfolgt ein weiterer Ansturm der Bären auf das letzte Tief, doch der Angriff scheitert (Punkt C).

Anleger, die das Handels-Volumen beobachten, werden feststellen, dass die Umsätze rückläufig sind. Nachdem die Kurse wieder aufwärts drehen, ist die umgekehrte KS-Formation vollendet, wenn die Unterstützung – die Nackenlinie – mit dem Schlusskurs nach oben durchbrochen wird. Auch bei der umgekehrten KS-Formation errechnet sich das Kursziel aus der Differenz zwischen Hoch- und Tiefpunkt der Formation. Diese wird zum Ausbruchspunkt addiert oder von ihm subtrahiert.

Bei vielen Umkehr-Formationen ist nach dem Ausbruch noch einmal ein letztes Aufbäumen der geschlagenen Parteien (Bären oder Bullen) zu beobachten. Dies schlägt sich in einem sogenannten Return-Move nieder, der den Kurs wieder zurück an den Ausbruchspunkt führen kann. Doch generell gilt: Wenn der Kurs einmal den entscheidenen Ausbruchspunkt verlassen hat, dann darf er über diesen nicht mehr zurückkehren. Sonst kann die positive Grundstimmung schnell ins Gegenteil umschlagen.

DaimlerCh
Ab
Nackenl
A
Schulte
Juni
Juli
Aug

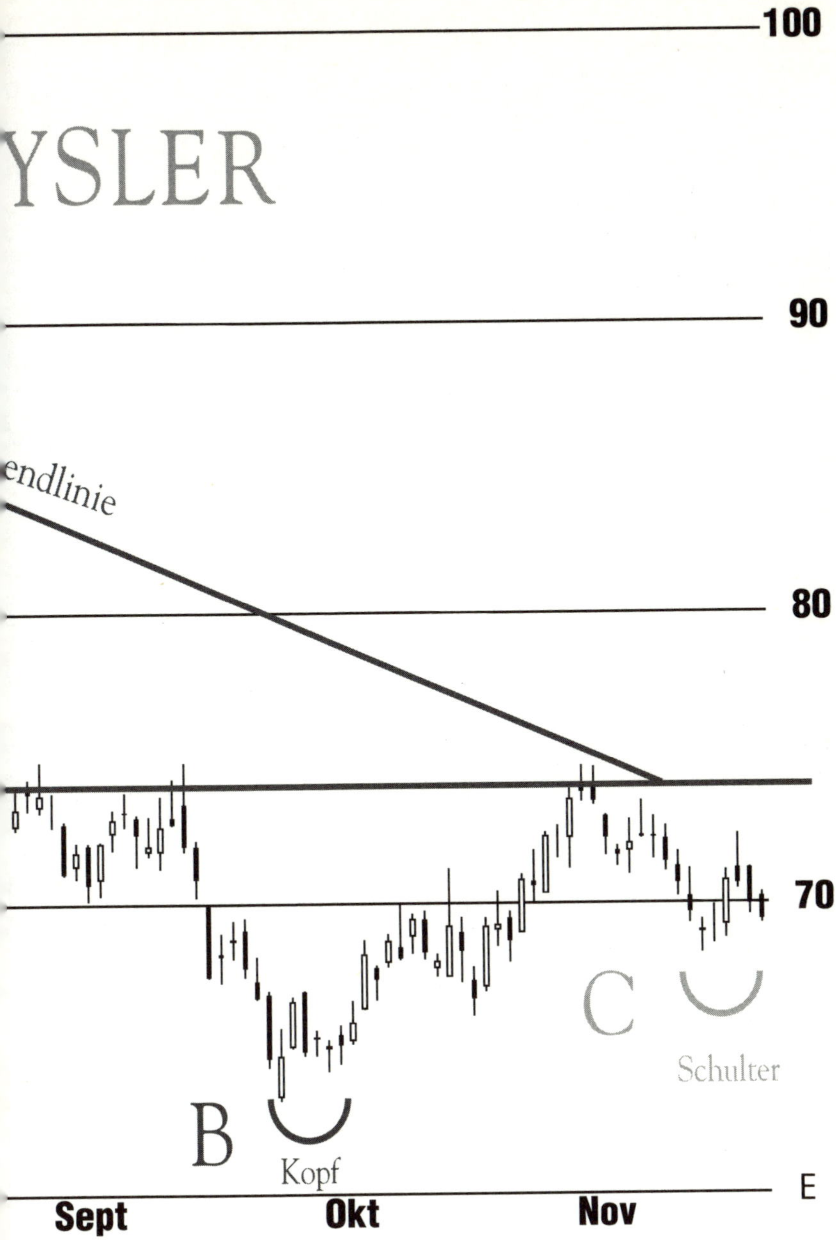

100
YSLER
90
endlinie
80
70
B
Kopf
C
Schulter
E
Sept
Okt
Nov

Untertasse

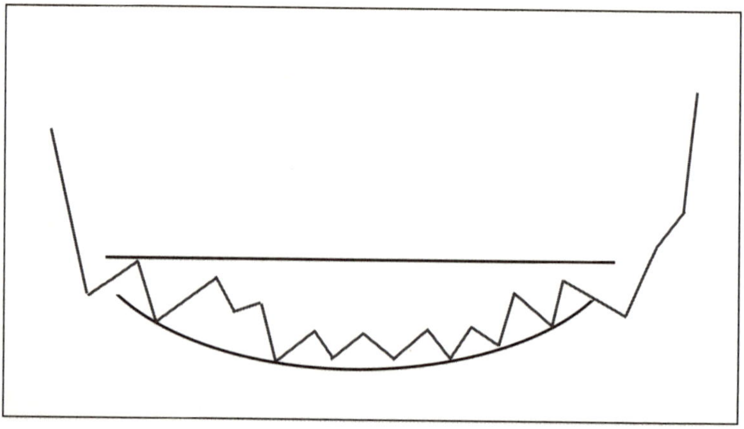

Diese Art von Umkehrformation tritt relativ selten auf. Die normale Untertassen-Formation bildet sich an Tiefs aus, die umgekehrte Untertassen-Formation an Hochpunkten der Kurse.

Die Untertassen-Formation stellt einen schleichenden, langsamen Wechsel des dominierenden Trends dar. Deshalb spielt die Zeit, die während der Ausbildung der Formation verstreicht, eine große Rolle. Je länger dieser Prozess dauert, desto größer ist das Potenzial für die sich an die Untertasse anschließende Bewegung, und desto sicherer ist auch das Ausbruchssignal.

Die Kabel-New-Media-Aktie (im Chart) benötigte vier Monate – von Juli bis November 1999 – für die Ausbildung der Untertassen-Formation. Die Widerstandslinie, hier bei 18 Euro, wird im Fachjargon „Plattform" genannt. Häufig kommen die Kurse nach dem

Durchbruch nochmals zur Plattform zurück, um sich dann endgültig abzustoßen. Dies hat die Kabel-New-Media-Aktie mustergültig gezeigt und ist nun bereit für große Sprünge.

Für die Untertassen-Formation gibt es keine präzise Kursziel-Regel, da die Dynamik nach den monatelangen Kleinstbewegungen nicht absehbar ist. Zur Bestimmung eines minimalen Kursziels wird deshalb gerne die allgemeine Regel genutzt: Die Differenz zwischen Hoch- und Tiefpunkt der Formation wird zum Ausbruchspunkt addiert. Das Hoch und der Ausbruchspunkt lagen bei 18 Euro, das Tief bei zehn. Somit würde für Kabel New Media das minimale Kursziel bei 26 Euro liegen. Doch wie gesagt, dies ist nur ein Minimalziel, denn in der Praxis ist sehr oft zu beobachten, dass Untertassen die Basis für sehr große Kursbewegungen sind. Sie fungieren als eine Art Sammelbecken der positiven (Börsen-) Kräfte bis zu dem Zeitpunkt, bis das Becken überschwappt und die gesammelten Kräfte explodieren.

Des öfteren ist auch zu beobachten, dass die Kurse in einer Untertassen-Formation bis an die Widerstandslinie heranlaufen, nochmals von ihr abprallen und einen kleinen Bogen bilden, bevor sie entgültig durch die Plattform schießen. Diese Formation wird als Untertasse mit Henkel bezeichnet.

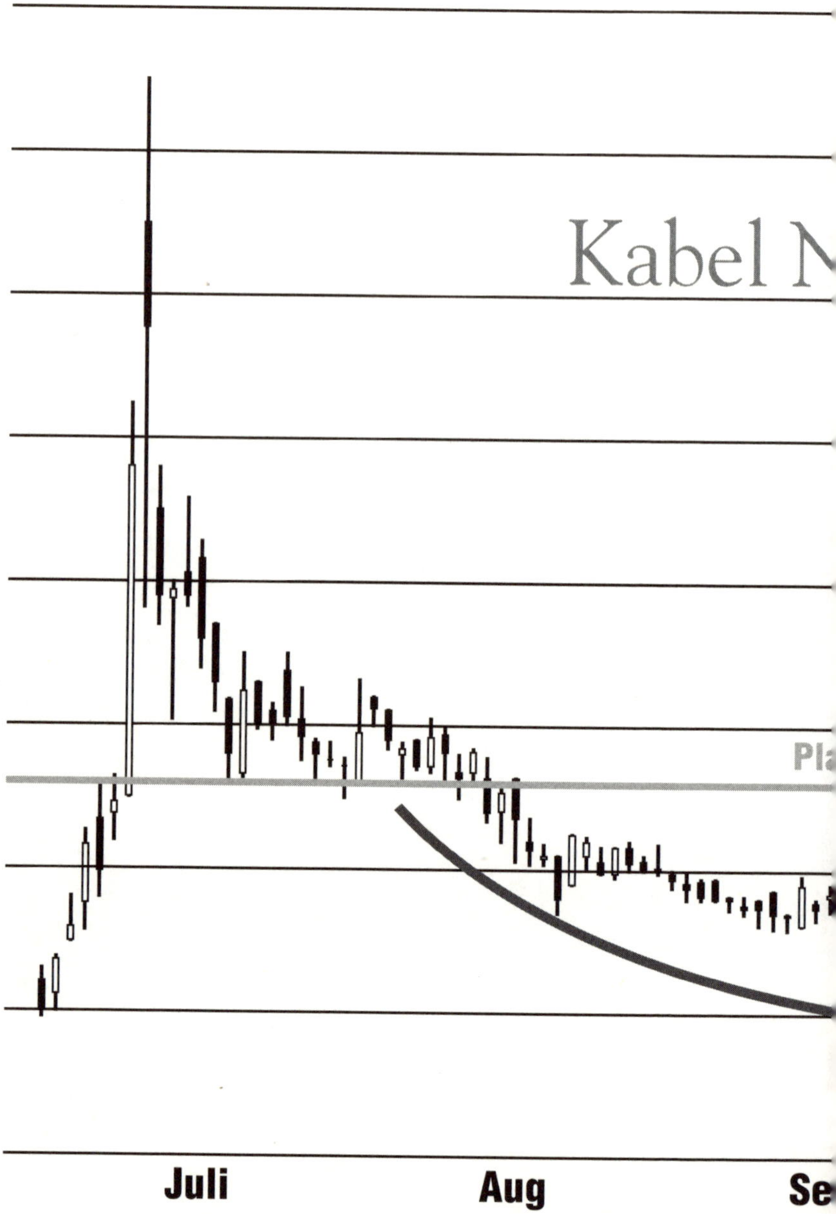
Kabel N
Pl
Juli
Aug
Se

Media

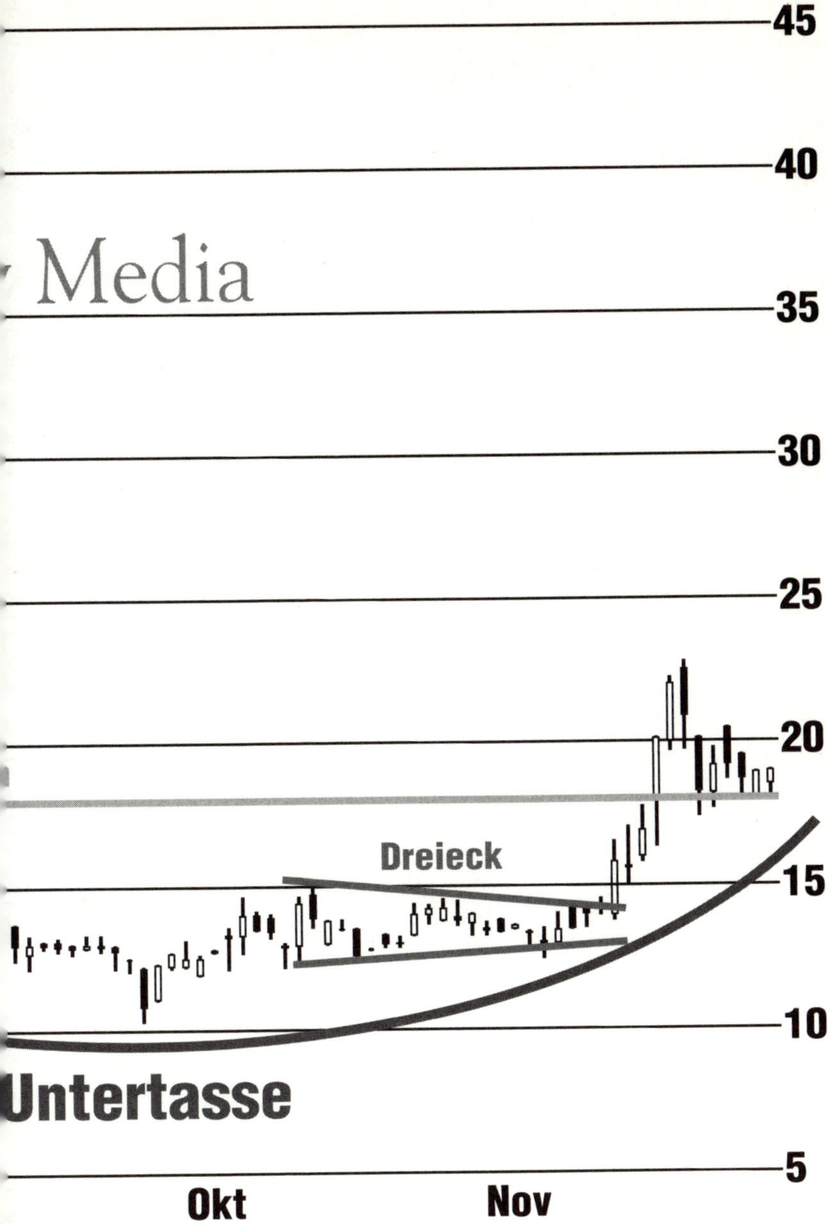

V-Formation

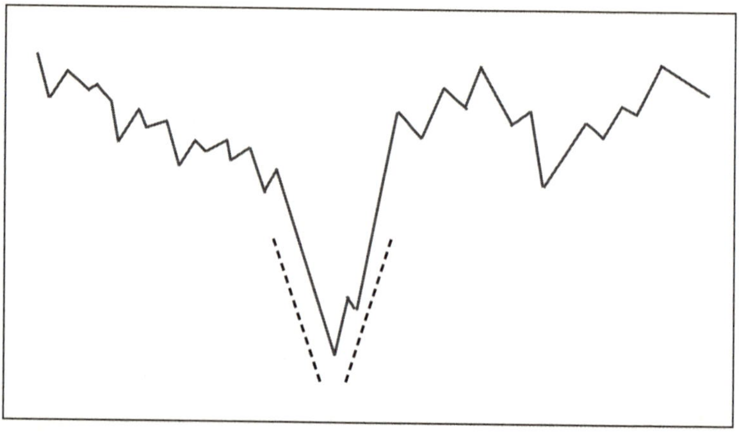

Der Hauptunterschied zwischen V-Formation und anderen Trendumkehr-Formationen liegt in der Schnelligkeit des Trendwechsels. Alle bisher behandelten Formationen wie die Kopf-Schulter-Formation, Doppel-Tops oder die Untertassen-Formation stellen einen langsamen Trendwechsel dar. Die Kräfte von Angebot und Nachfrage gleichen sich aus, und die Preise befinden sich in einer Übergangsphase, in der man genügend Zeit hat, sich Hinweise auf die zukünftige Kursrichtung zu verschaffen.

Anders bei der V-Formation. Die Trendumkehr findet schnell und für viele überraschend statt. Dieser plötzliche Wechsel nährt sich selber, wenn viele Investoren dem neuen Trend hinterherspringen. Sehr deutlich wird dies am Mannesmann-Chart. Zum Zeitpunkt A schien es so, als ob die Übernahmephantasie ein Ende habe. Die Kurse begannen erst zu bröckeln, brachen dann regelrecht ein. Doch nachdem Mannesmann über 50 Prozent seiner Aufwärtsbewegung von 160 Euro auf 210 Euro wieder abgegeben hatte, kam zum Zeitpunkt B bei einem Kurs von 180 Euro erneut Kauflaune auf. Die Bären wurden auf dem falschen Fuß erwischt, sprangen schnell vom Boot oder wechselten sogar die Seiten. Dadurch kam es zu dem heftigen Trendwechsel mit einer dynamischen Bewegung in Richtung des alten Kurs-Hochs bei 210 Euro.

Zum Zeitpunkt C, als der 210 Euro-Widerstand genommen wurde, war die V-Formation vollendet. Das erste Kursziel von 240 Euro ergibt sich aus der Differenz zwischen dem Hoch bei 210 Euro und dem Tiefpunkt bei 180 Euro, addiert auf den Ausbruchspunkt bei 210 Euro.

Das Problem mit V-Formationen ist, dass sie erst im Nachhinein zu erkennen sind, weil die Kursbewegung sehr schnell passiert. Der Versuch, eine V-Formatione antizyklisch zu handeln, was bedeutet, eine Position einzunehmen, bevor überhaupt ein Signal generiert wurde, kann dem Anleger teuer zu stehen kommen. Daher ist es bei dieser Art von Formation immer ratsam abzuwarten, bis ein Durchbruch durch die Signallinie gelingt.

mannesma

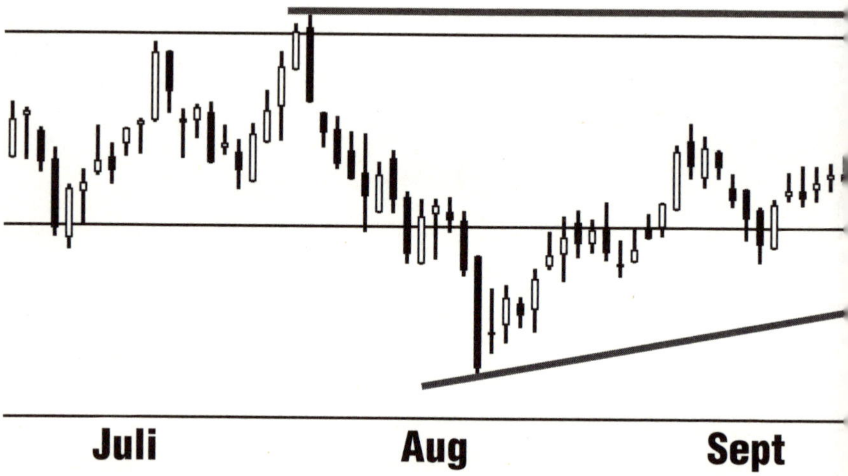

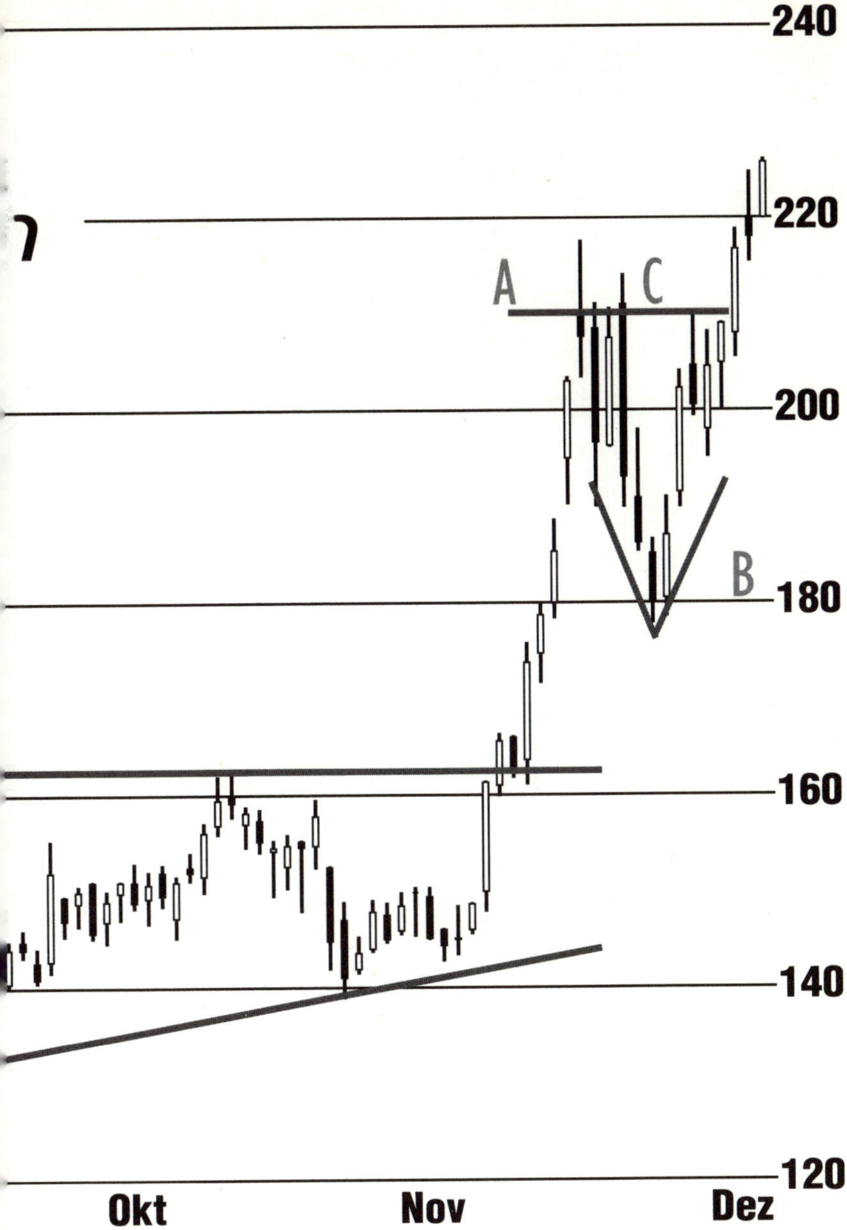
240
220
A
C
200
B
180
160
140
120
Okt
Nov
Dez

Reversal Days

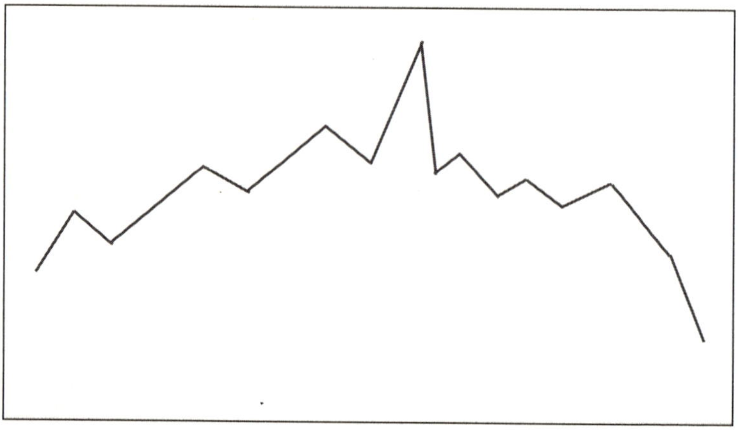

Ein weiteres wichtiges Werkzeug der Technischen Analyse ist der so genannte Reversal Day. Je nachdem, wo und wie diese Formation auftritt, gibt es verschiedene Bezeichnungen für sie: Top Reversal Day oder Bottom Reversal Day, Buying Climax Day, Selling Climax Day oder auch Key Reversal Day.

Ein Bottom Reversal Day ist ein Börsentag, an dem der Kurs einer Aktie ein neues Tief in einem Abwärtstrend erreicht, der Schlusskurs jedoch über dem Vortagesschluss liegt. Eine Variation des Bottom Reversal Days ist ein Selling Climax Day: In einem Abwärtstrend eröffnet der Wert mit einer großen Kurslücke nach unten. Die Verkäufer werfen alles, was sich noch in den Depots befindet, auf den Markt. Doch der Eröffnungskurs ist zugleich auch der Tiefstkurs. Danach steigt der Wert vehement an und schließt die Kurslücke zum Vortag.

Anders als beim Bottom Reversal Day muss der Schlusskurs aber nicht über dem Vortagesschluss liegen. Je größer die Schwankungsbreite während des Tages und je mehr Papiere gehandelt werden, desto größer ist die Signifikanz dieser Trendumkehr-Formation.

Im Chart der Consors-Aktie ist am 24. September 1999 ein hervorragendes Beispiel für einen Selling-Climax zu finden. Gleichzeitig markierte der Kurs an diesem Tag mit der Eröffnung das historische Tief der Aktie. Danach schauten die Bullen nicht mehr zurück. Dadurch wurde der Selling Climax Day zugleich zum Key Reversal Day: Ein normaler Reversal Day kann auch nur eine Pause in einem dominierenden Trend einläuten. Ein Key Reversal Day bedeutet dagegen einen absoluten Trendwechsel.

Wie in vielen anderen Fällen kann auch bei Reversal Day Formationen die Praxis von der Theorie abweichen. Sehr oft ist zu beobachten, dass nicht nur ein, sondern meist zwei oder sogar drei Tage zusammen solch eine Reversal-Formation bilden. Solche Formationen werden als Island-Reversals bezeichnet. Idealerweise ergibt sich zu Beginn und zum Abschluss der Formation jeweils eine Kurslücke, so dass die zwei oder drei Börsentage wie eine einsame Insel im Chart stehen.

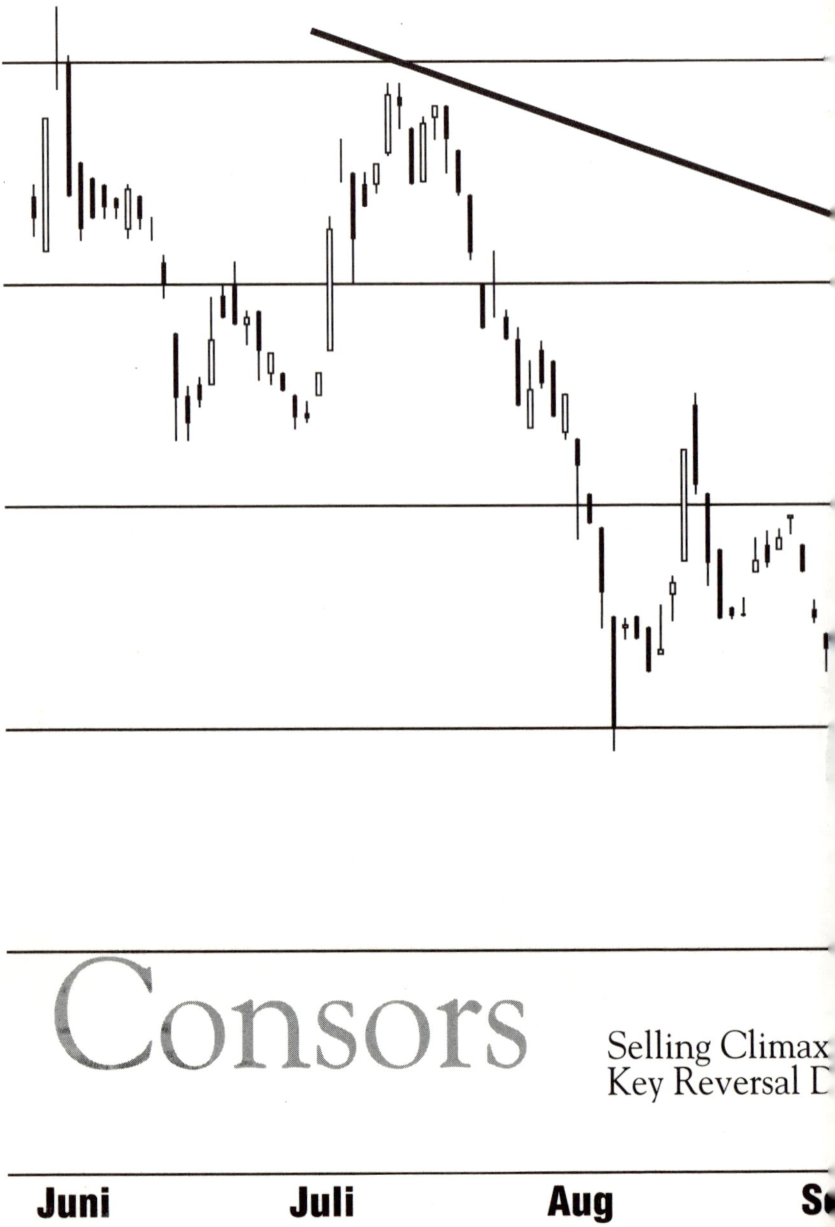
Consors
Selling Climax
Key Reversal D
Juni
Juli
Aug
S

90
80
Abwärtstrendlinie
70
Keil
60
Keil
50
40
Okt
Nov
Dez

GAP I

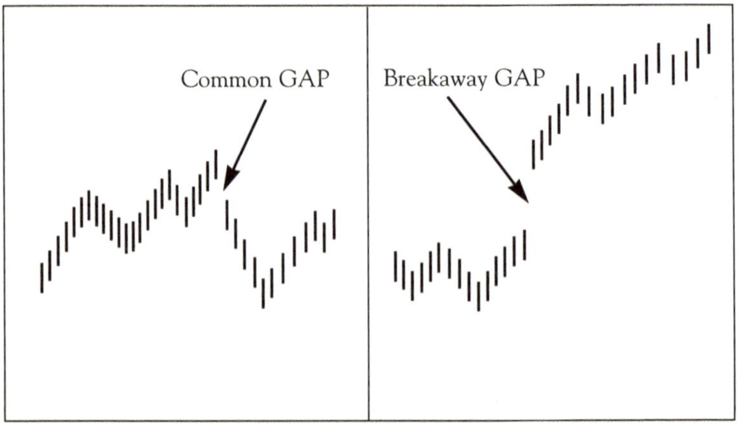

Der englische Begriff „Gap“ wird gerne mit Kurslücke oder -loch übersetzt. Doch noch häufiger verwendet man den Originalbegriff.

Gaps sind Bereiche in einem Chart, die der Kurs einfach „übersprungen“ hat. In einem Aufwärtstrend bedeutet dies, dass der Eröffnungskurs über dem Hoch des Vortags liegt. In einem Abwärtstrend war der höchste Tageskurs niedriger als das Vortagestief.

Es gibt vier verschiedene Gaps: das Common Gap, das Breakaway Gap, das Runaway Gap und das Exhaustion Gap. Je nachdem, an welcher Stelle eines Trends sie auftreten, haben sie unterschiedliche Funktion.

Das Common Gap ist die unwichtigste Form einer Kurslücke. Es tritt entweder bei sehr dünnen Handelsumsätzen oder inmitten einer Seitwärtsbewegung auf. Daher kann dem Common Gap auch kein Trendcharakter unterstellt werden. Es sollte einfach ignoriert werden.

Das Breakaway Gap dagegen tritt zumeist nach der Vollendung einer wichtigen Kursformation auf und signalisiert den Anbeginn einer neuen, signifikanten Marktbewegung. Im Lufthansa-Chart vollendete der Aktienkurs die umgekehrte Kopf-Schulter-Formation, indem er mit einem Breakaway Gap über die Nackenlinie „hüpfte". Eine Bestätigung für den Ausbruch gab es ein paar Tage später, als der Versuch, das Gap zu schließen, misslang. Auch der Ausbruch aus der kurzen Konsolidierung Mitte November 1999 in Form eines Wimpels fand mit einem Breakaway Gap statt.

Gaps und die Kursbewegungen danach sind sehr schwierig zu handeln, denn sie sind nicht voraussehbar. Von einem Tag auf den anderen verändert sich die Haltung, die Psycholgie der Anleger, hervorgerufen durch neue Meldungen, Nachrichten oder Gerüchte. Meist kommt es nach größeren Gaps zu wilden Kursbewegungen, da viele Marktteilnehmer auf dem falschen Fuß erwischt worden sind. Es gibt die Anleger, die bei einem positiven Gap nun noch versuchen, hinterher zu springen. Und es gibt auf der anderen Seite diejenigen, die jetzt die Möglichkeit sehen, kräftige Gewinne einzustreichen. Daher ist es vor allem bei großen Gaps am besten, einfach abzuwarten, bis sich die verschiedenen Parteien darauf geeinigt haben, welche Seite die Überhand gewinnt. Beruhigend für manchen Anleger ist daher die Statistik, dass 75 Prozent aller größeren Gaps wieder geschlossen werden und es somit auch später noch Möglichkeiten gibt, nochmals einzusteigen.

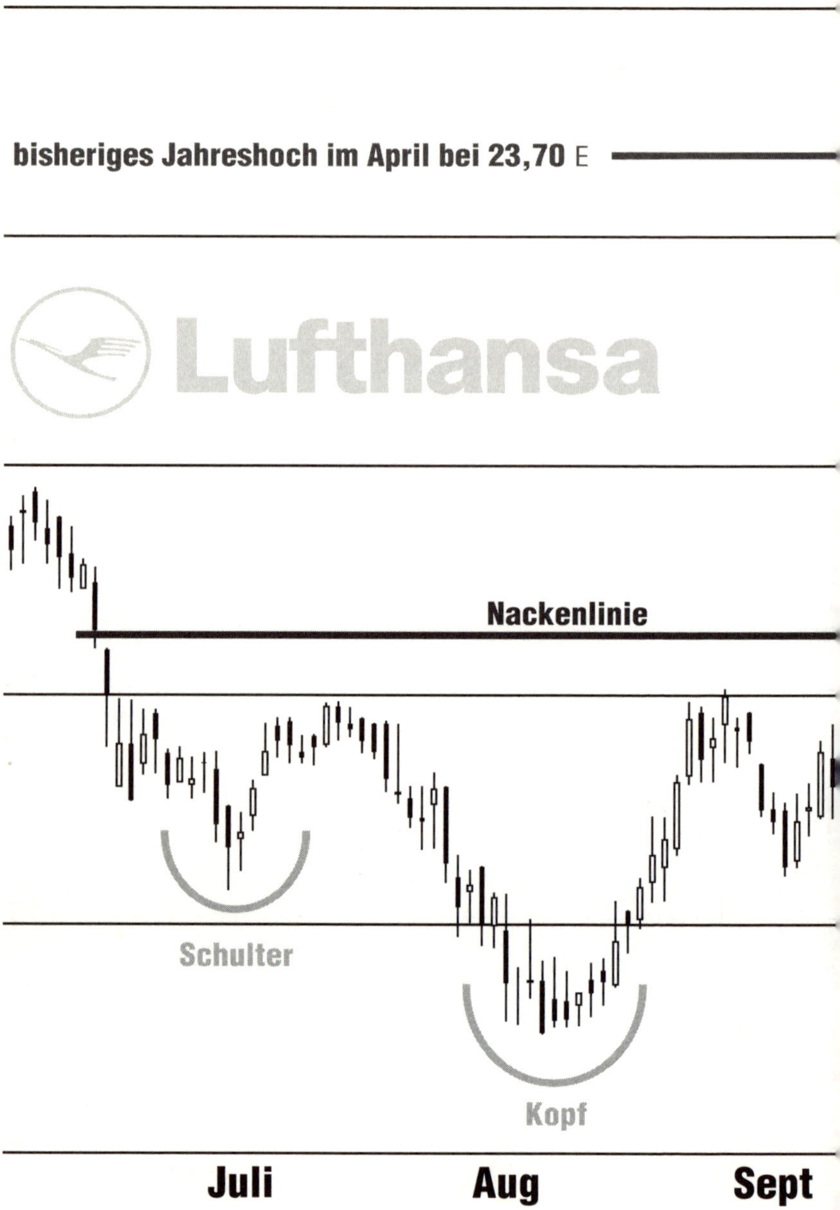
bisheriges Jahreshoch im April bei 23,70 E
Lufthansa
Nackenlinie
Schulter
Kopf
Juli
Aug
Sept

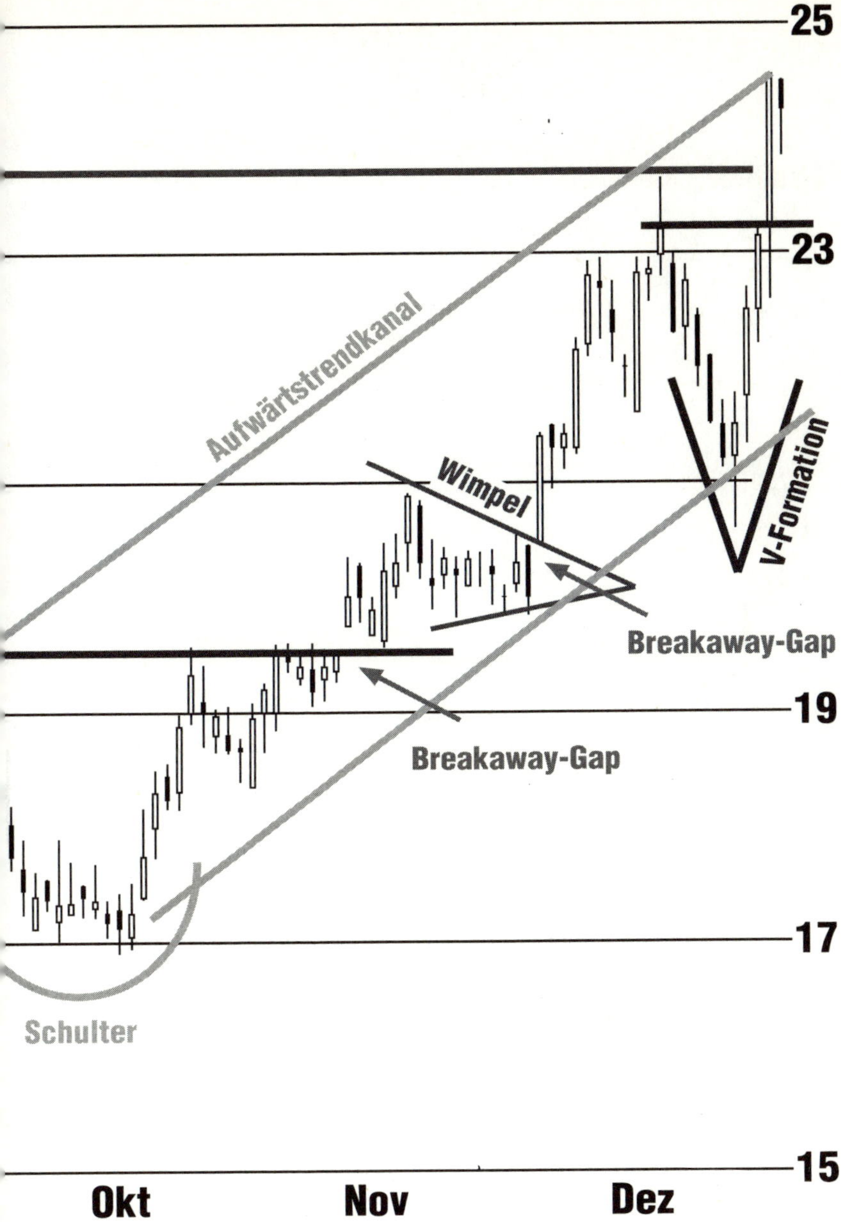
25
23
19
17
15
Aufwärtstrendkanal
Wimpel
V-Formation
Breakaway-Gap
Breakaway-Gap
Schulter
Okt
Nov
Dez

GAP II

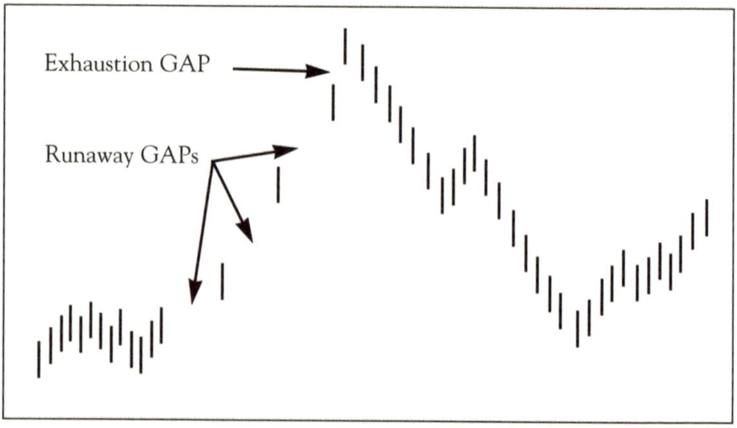

Nach dem Common Gap und dem wichtigen Breakaway Gap gibt es noch zwei weitere Arten von Gaps, die in der klassischen Chartanalyse wichtig sind.

Nachdem eine Kurslinie geraume Zeit ihre Richtung beibehalten hat, macht sie manchmal einen deutlichen Sprung. In einem bestehenden Aufwärtstrend würde das bedeuten, dass der Eröffnungskurs und auch der Tiefstkurs des Tages über dem Hoch des Vortages liegen. Diese Art von Gaps werden als Runaway Gaps bezeichnet und können im Trendverlauf öfter auftreten. Im Chart der Dresdner Bank ist das gut zu sehen.

Runaway Gaps sind in einem Aufwärtstrend ein deutliches Zeichen von Marktstärke, in einem Abwärtstrend entsprechend ein Zeichen von Marktschwäche. Die Kurslücke fungiert als Unterstützung für nachfolgende Korrekturen und wird normalerweise nicht gefüllt.

Runaway Gaps sind deswegen so interessant, weil sie oft genau in der Mitte einer gleich bleibenden Kursbewegung auftreten. Dadurch kann sich der geübte Chartist eine gute Vorstellung von der weiteren Kursentwicklung machen.

Die letzte Art von Gap tritt in der Nähe des Endes einer Marktbewegung auf: das Exhaustion Gap. Wenn alle Kursziele erreicht worden sind, der Trend schon ziemlich weit fortgeschritten ist und die Preise noch einmal zu einem Sprung in Form eines Gaps ansetzen, dann ist die Wahrscheinlichkeit eines Exhaustion Gaps groß. Bestätigung als Trendumkehrsignal erhält das Exhaustion Gap, wenn die Kurslücke in den darauf folgenden Tagen geschlossen wird.

Für Gaps im Allgemeinen gilt: Je größer sie sind, um so eher neigen sie dazu, geschlossen zu werden. Psychologisch ist das so zu erklären, dass diese übertriebene Reaktion von der Mehrheit der Marktteilnehmer als ungesund empfunden wird. Doch auch die Lage des Gaps ist von Bedeutung. Ein großes Gap ist nach der Ausbildung einer Boden- oder Top-Formation durchaus gerechtfertigt, da nun die Widerstandskräfte der Bären oder Bullen nachgelassen haben. Tritt dagegen ein großes Gap an einem Punkt auf, wo der Trend schon ziemlich weit fortgeschritten ist, dann ist dies meist das letzte Aufflackern der übriggebliebenen Trendverfechter.

Die Größe eines Gaps definiert sich über die durchschnittliche Schwankungsbreite der Kurse in den letzten Tagen. Ein Gap, das zweimal so groß ist wie die normale Schwankungsbreite, gilt als ungesund und gefährlich.

Runaway Gap
Runaway
Juli
Aug
Sept

Exhaustion Gap
Breakaway Gap
55
50
45
40
35
esdner Bank
30
Okt
Nov
Dez

Kombinationen

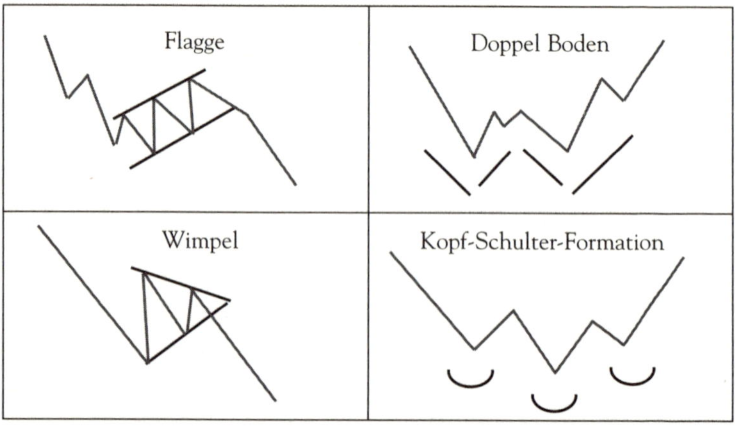

Zum Abschluss der Serie über Chart-Formationen ist es wichtig, folgendes zu betonen: Selten steht eine Formation für sich allein. Aussagekräftige Signale ergeben sich meist aus einer Kombination mehrerer Chart-Formationen. Generell gilt: je mehr, desto besser.

Kurspotenzial erkennt man in der Chart-Analyse auch aus der Geschichte. Denn irgendwann einmal war jemand bereit, einen absoluten Höchstpreis für einen Titel zu bezahlen. Die Metro-Aktie (Chart links) markierte Anfang 1999 ihr Allzeithoch bei 78,50 Euro, bevor sie zu einem Sturzflug bis hinunter zu 48 Euro ansetzte. Im Umkehrschluss bedeutet dies, dass die Aktie nun über ein Kurspotenzial von 30 Euro verfügt.

Ein erstes Anzeichen für eine Umkehr des Abwärtstrends ergab sich in Form einer Doppelboden-Formation im Oktober 1999. Das Kursziel daraus lag bei 55 Euro. Diese Marke war gleichzeitig ein starker Widerstand – prompt war dort auch Ende mit dem ersten Versuch. Zweites positives Zeichen: Das Tief bei 48 Euro wurde nicht mehr erreicht, die Unterstützung aus dem signifikanten Tief bei 49 Euro hielt. Mit einem Breakaway Gap setzte sich Metro von dieser Marke ab. Insgesamt ergibt sich nun der Ansatz einer umgekehrten Kopf-Schulter-Formation. Die Nackenlinie verläuft bei 55 Euro. Dann entstand eine Bullish-Engulfing-Candlestick-Formation, die tags darauf bestätigt wurde. Daraus ergibt sich, nun Gewehr bei Fuß zu stehen, wenn der Kurs die 55er-Hürde überspringt. Das Kursziel aus der Kopf-Schulter-Formation: 63 Euro.

Doch niemals das Gesamtpotenzial aus den Augen verlieren und fleißig weiter kombinieren. Und auch ein Stop-Loss-Punkt darf nicht vergessen werden. Denn trotz allem: Chart-Formationen sind nichts anderes als psychologische Verhaltensmuster von Anlegern in der Vergangenheit. Zwar verhalten sich die Menschen in den meisten Situationen immer wieder gleich, doch eben nicht immer. Und für solche Fälle sollte jeder Anleger mit einem Stop gewappnet sein. Bei Metro läge dieser bei 50 Euro, falls das Runaway Gap wieder geschlossen werden sollte.

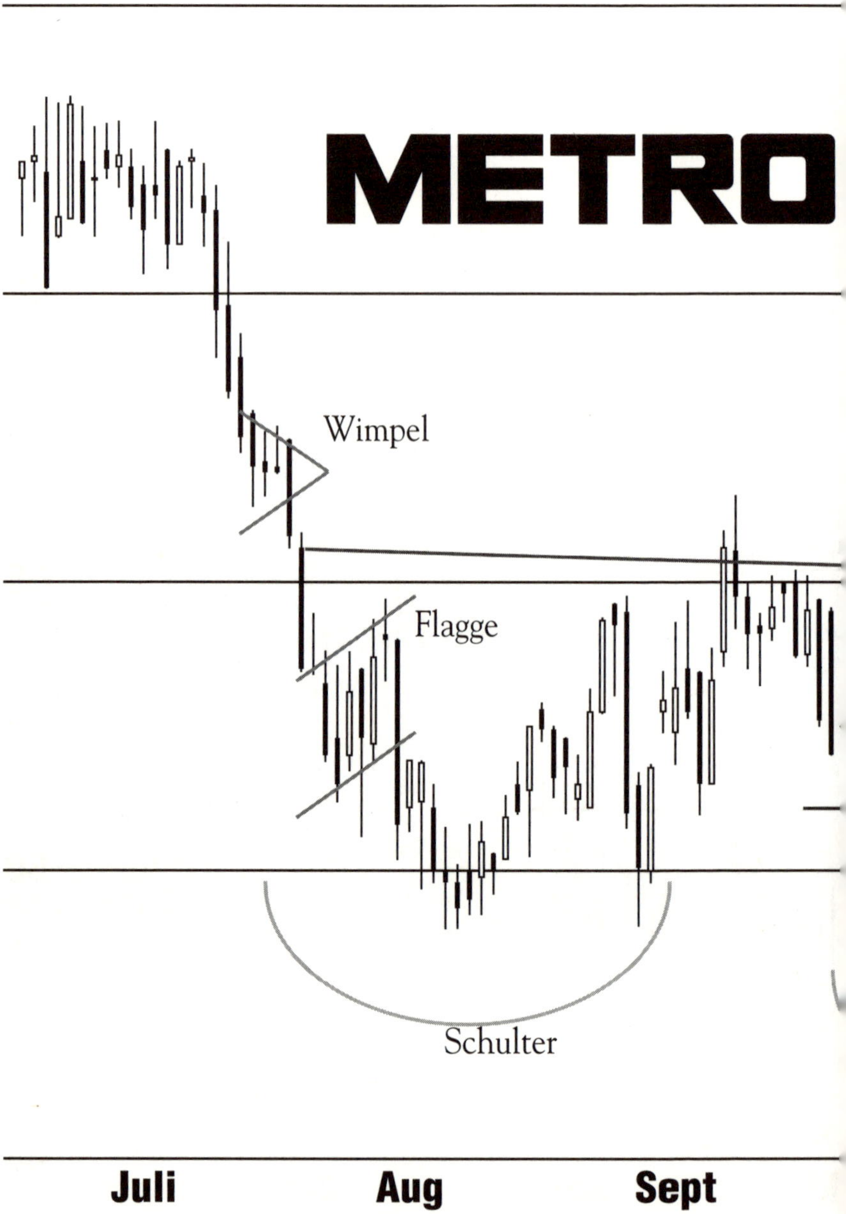
METRO
Wimpel
Flagge
Schulter
Juli
Aug
Sept

Literaturempfehlungen zur Technischen Analyse

Erich Florek
Neue Trading-Dimensionen

Charles LeBeau, David Lucas
Börsenanalyse mit dem Computer

John Magee
Mit Charts zum Erfolg

John J. Murphy
Technische Analyse der Finanzmärkte

Martin Pring
On Market Momentum

Steve Nison
Japanese Candlestick Charting Techniques

Jack D. Schwager
Schwager On Futures – Technische Analyse